バターを使わない
まいにち
グラタン

藤井 恵

日本文芸社

はじめに
毎日グラタンを食べたい！

娘からそんなことをいわれました。
実は子どものころ、私もそんな風に思っていました。今でもグラタンは大好きです。でも、悔しいことに最近はグラタンを食べた次の日に胃がもたれる……と感じることが多くなりました。

「バターを使わずにグラタンを作ることはできますか？」という質問もよくいただくことから、私のバターを使わないグラタン作りがはじまりました。
ホワイトソースをオイルで作ってみる。小麦粉の代わりに片栗粉でとろみをつけてみる。
試行錯誤しているうちに、あることに気づきました。「バターを使わない」という枷(かせ)を作ったことで、逆に自分の中のグラタンの枠が広がり、自由な発想ができるようになったのです。

白いごはんと一緒に食べたいあっさり味のグラタン、とろみのついた中華風のおかずを焼いたグラタン……。
本来グラタンとは、「焼き色のついた薄い皮膜」や、「焦げ目ができた料理」、またその調理法のことだそう。そう考えたら、ますますアイデアは膨らみました。

ですから、この本を見て「これもグラタン!?」と驚くものもあるかもしれません。

「バターを使わない」というと、「乳製品をまったく使わない」と思う方も多いようですが、この本で紹介しているグラタンは、牛乳もチーズも使います。
乳製品すべてを排除、ということではありません。
単純に
毎日でも食べたいから、ヘルシーなグラタンを作る。
ただそれだけです。

でも、乳製品をまったく使いたくない場合の方法も紹介していますので、いろいろな気分、シチュエーションでご満足いただけると思います。

毎日の夕食作りに活躍する「デイリー感覚のグラタン」を思いついたら、私はますますグラタンが好きになりました。
アツアツのごちそうは、家族を笑顔にします！

藤井 恵

Contents

はじめに…2

「まいにちグラタン」のポイント 4 …6

PART 1 ヘルシーソースグラタン

ヘルシーソースは 3 タイプ…9

- えびマカロニグラタン…10
- チキンマカロニグラタン…12
- ほうれん草のグラタン…14
- じゃがいものミルクグラタン…16
- アオサのグラタン…18
- 豆腐のグラタン…20
- お麩のグラタン…22
- 湯葉のグラタン…24
- 車麩のグラタン…26
- オニオングラタンスープ…28
- アボカドとトマトのグラタン…30
- ツナとオリーブパスタのトマトグラタン…32

PART 2 野菜ソースグラタン

野菜ソースは 2 タイプ…35

- えびのセロリソースグラタン…36
- たらのじゃがいもソースグラタン…38
- ソーセージのかぼちゃソースグラタン…40
- えびときのこのれんこんソースグラタン…42
- 牛肉のごぼうソースグラタン…44
- 鶏肉ときのこの里いもソースグラタン…46
- 玉ねぎとベーコンのさつまいもソースグラタン…48
- ブロッコリーとかに風味かまぼこの長いもソースグラタン…50
- 鮭の玉ねぎソースグラタン…52
- ホタテとパセリライスのコーンソースグラタン…54
- たらこのにんじんソースパングラタン…56
- アンチョビパスタのカリフラワーソースグラタン…58
- モッツァレラとバジルのトマトソースグラタン…60
- もちのかぶソースグラタン…62
- じゃがいもとたこのバジルソースグラタン…64
- あさりとベーコンのブロッコリーソースグラタン…66

PART 3

豆ソースグラタン

豆ソースは2タイプ…69

- 豚肉とさやいんげんの
  白いんげん豆ソースグラタン…70
- ソーセージの白いんげん豆ソースグラタン…72
- 手羽中のひよこ豆ソースグラタン…74
- かじきのひよこ豆ソースグラタン…76
- トマトとひき肉の
  レッドキドニーソースグラタン…78
- ゆで卵とズッキーニの
  レッドキドニーソースグラタン…80
- フジッリのグリンピースソースグラタン…82
- チキンのグリンピースソースグラタン…84
- 白身魚とわかめの大豆ソースグラタン…86
- かぶのファルシ　大豆ソースグラタン…88
- えびの枝豆ソースグラタン…90
- ちくわの枝豆ソースグラタン…92
- 桜えびとねぎの黒豆ソースグラタン…94
- 麻婆豆腐風厚揚げの黒豆ソースグラタン…96

PART 4

野菜の おつまみグラタン

- じゃがいもといかの塩辛のグラタン…100
- スナップえんどうと
  オイルサーディンのグラタン…101
- アスパラガスとなめ茸のグラタン…102
- 丸ごと玉ねぎのグラタン…103
- トマトのアンチョビグラタン…104
- ズッキーニのコンビーフグラタン…105
- しいたけの柚子こしょうグラタン…106
- アボカドの明太子グラタン…107
- マッシュルームのマヨグラタン…108
- たけのこといわしの蒲焼きグラタン…109

乳製品OFFのコツ…110

＊PART 1〜3のグラタンソースは保存できます。
保存袋に入れて平らにし、冷蔵で3〜4日、
冷凍で1ヵ月を目安に使ってください。

この本の使い方

- この本のグラタンは、すべて「250℃のオーブン」で焼いていますが、オーブントースターで同様に焼いてもOK。もし焦げそうになったら、途中でアルミホイルをかけましょう。
- 電子レンジは600Wのものを使用しています。500Wの場合は加熱時間を1.2倍に、1000Wの場合は0.6倍を目安に加熱してください。
- 小麦粉は薄力粉、しょうゆは濃口しょうゆ、みそは好みのものを。
- 小さじ1＝5㎖、大さじ1＝15㎖、1カップ＝200㎖です。
- レシピ上、野菜の「洗う」「皮をむく」「ヘタをとる」は省略してあります。その作業をしてから、調理に入りましょう。
- 火加減は特に指示がない限り、「中火」です。
- 材料に出てくる「だし」は、かつお節と昆布でとったもの。または市販のだしの素を表示通りに作った「だし汁」のことです。
- フライパンはフッ素樹脂加工のものを使用。鉄のフライパンのときは油を少し多めに引いてください。

「まいにちグラタン」のポイント4

point 1
ホワイトソースを オリーブ油で作るから ヘルシー！
▶P.8〜

グラタンといえば、ホワイトソースは欠かせません。一般的なホワイトソースはバターで小麦粉を炒め、そこに牛乳を加えて作りますが、この本では、バターの代わりにオリーブ油を使って同じように作ります。慣れないうちは少し作りにくいかもしれませんが、もしダマができてしまっても裏漉しすれば大丈夫！　オリーブ油で具を炒めて小麦粉を振りかける方法、片栗粉を水分で溶いて加える方法も併せてご紹介しています。

point 2
野菜を ソースにする
▶P.34〜

野菜にはうまみがたっぷり！　ゆでてやわらかくし、水分を加えてとろりとしたソースにすれば、グラタンのソースにもぴったりです。ソースに野菜をたっぷり使っているので、具に肉や魚介を使っても栄養のバランス満点！　具にも野菜を使えば、ソースと具材とのダブルで野菜を食べることができ、かなりヘルシーです。ソースにすることで野菜の形が残らないので、野菜嫌いのお子さんも食べやすくなります。

「まいにちグラタン」は、バターを使わないからあっさり！ごはんにも合う！が、特徴です。
毎日食べたくなるほどおいしく作るには、ちょっとしたコツとワザがありました。ここでは、その方法をご紹介します。

point 3 豆をソースにする
▶P.68〜

豆は意識して毎日食べたい素材のひとつです。しかも、野菜同様、つぶして水分を加えてソースにすれば、栄養たっぷりのグラタンができ上がります。最近は、水煮やドライパックなどが種類豊富に市販されているので、こちらを利用すれば、ホワイトソースを作るよりも手軽！　豆によってはフォークで簡単につぶれ、水分を加えて煮るだけでソースになるものも。この手軽さって、かなりうれしいですよね。

point 4 野菜を丸ごとグラタンにする
▶P.98〜

パパッとグラタンを作りたいときには、野菜がメインのグラタンがおすすめ。野菜は焼くことで甘みとうまみが凝縮され、それだけでおいしい料理になります。そこにうまみの強い加工品や缶詰を組み合わせたら、おつまみにもぴったり！　ちょっとしたおもてなしメニューにもなります。毎日食べたい、パパッと作れるグラタンには、野菜の力を100％借りましょう。アツアツの丸ごと野菜は、それだけでごちそうです。

PART 1

ヘルシーソースグラタン

人気のグラタンをオリーブ油で作りました。
だから、いつもよりヘルシー！
ごはんにも合うので、献立を作りやすいのも魅力です。

p.10 えびマカロニグラタン

ヘルシーソースは3タイプ

なめらかソース
クリーミーなソースが主役！のグラタンに

小麦粉を炒める
フライパンにオリーブ油を入れ、油が冷たいうちに小麦粉を入れて弱火で炒める。

▼

水分を加える
フツフツしてきたら、水分（牛乳など）を一気に加え、しっかり混ぜ合わせる。

▼

煮る
ときどき混ぜながら煮る。木べらでスーッと筋が描け、すぐもとに戻るくらいまでとろみがついたらOK。

※ダマができた場合は、裏漉しして使う。

コクありソース
濃厚ソースにしたいなら！簡単さも魅力

具を炒め、粉を振り入れる
フライパンにオリーブ油を熱し、具を炒める。油が回ったら、小麦粉を振って弱火で炒める。

▼

水分を加える
粉っぽさがなくなったら、水分（牛乳など）を少しずつ加えながら混ぜる。これを繰り返す。

▼

煮る
水分全量を加えて混ぜたら、とろりとするまで煮る。木べらでスーッと筋が描け、すぐもとに戻るくらいまでとろみがついたらOK。

さらりソース
軽い仕上がりの和風グラタンなどに

具に火を通す
フライパンにオリーブ油を熱して具を炒めるor鍋に具、水分を入れて煮る。

▼

片栗粉と水分でとろみをつける
片栗粉と水分（牛乳やだしなど）をよく混ぜ合わせ、具に火が通ったところに加える。

▼

煮る
とろりとするまで煮る。木べらでスーッと筋が描け、すぐもとに戻るくらいまでとろみがついたらOK。

えびマカロニグラタン [なめらかソース]

■ 材料（2人分）

むきえび…150g
（あれば、背ワタをとる）
マカロニ…50g
玉ねぎ…1/2個（2cm角に切る）
マッシュルーム…1パック
（石づきをとり、薄切り）
A ┌ 塩、こしょう…各少々
　└ 白ワイン…大さじ1/2
オリーブ油…大さじ1/2
塩、こしょう…各適量
なめらかホワイトソース
┌ オリーブ油…大さじ1と1/2
│ 小麦粉…大さじ2
│ 牛乳…2カップ
└ ローリエ…1枚
ピザ用シュレッドチーズ…40g

■ 作り方

1 **パスタをゆでる**　マカロニは塩少々を加えた熱湯で表示より2分ほど長くゆで、ざるに上げて湯をきる。

2 **具を炒める**　むきえびはAをからめる。フライパンにオリーブ油大さじ1/2を熱し、玉ねぎ、マッシュルーム、えびを入れて炒め、色が変わったら塩小さじ1/2、こしょう少々で調味する。

3 **ホワイトソースを作る**　別のフライパンにオリーブ油を弱火で熱し、油が冷たいうちに小麦粉を入れて炒める。フツフツしてきたら牛乳を一気に加えながら混ぜる。すべての牛乳を加えたら、ローリエを加えて煮る。木べらでスーッと筋が描け、すぐにもとに戻るくらいまでとろりとしたらOK。

4 **ソースと具を混ぜる**　3に1、2を加えて混ぜ、塩、こしょう各少々で味を調え、ローリエを除く。

5 **オーブンで焼く**　耐熱皿に4を注ぎ入れ、チーズをのせ、250℃のオーブンでこんがりと焼き目がつくまで10〜15分焼く。

💬 **memo**

やっぱり一番人気は、プリプリなえびともっちりのマカロニ入り。オイルで作ったら、マッシュルームの香りも引き立ちます。

チキンマカロニグラタン コクありソース

■ 材料（2人分）

鶏胸肉…1枚（一口大に切る）
マカロニ…50g
玉ねぎ…1/2個（2cm角に切る）
A ┌ 塩…小さじ1/4
　├ こしょう…少々
　└ 白ワイン…小さじ1
オリーブ油…大さじ1と1/2
小麦粉…大さじ2
牛乳…1と1/2カップ
ローリエ…1枚
塩…小さじ1/2
こしょう…少々
ピザ用シュレッドチーズ…20g
粉チーズ…大さじ1

■ 作り方

1 **パスタをゆでる**　マカロニは塩少々（分量外）を加えた熱湯で表示よりも2分長めにゆで、ざるに上げて湯をきる。

2 **具を炒め、ソースを作る**　鶏胸肉はAをもみ込み、オリーブ油を熱したフライパンで玉ねぎと共に炒め、肉の色が変わったら小麦粉を振り入れて弱火で炒める。全体に粉っぽさがなくなったら、牛乳を少しずつ加えて混ぜ、ローリエを加えてとろりとするまで煮る。

3 **パスタとソースを混ぜる**　2に1を加えて混ぜ、塩、こしょうで調味する。

4 **オーブンで焼く**　耐熱皿に3を注ぎ入れ、チーズ2種をかけ、250℃に熱したオーブンでこんがりと焼き目がつくまで10〜15分焼く。

memo

鶏肉や玉ねぎを炒めて粉を振り入れると、ソースのうまみやコクがアップ。作りやすく、ダマになりにくいメリットも。

ほうれん草のグラタン　なめらかソース

■ 材料（2人分）

ほうれん草…200ｇ
玉ねぎ…1/2個（あらみじん切り）
ハム…4枚
（半分に切り、2cm幅に切る）
オリーブ油…大さじ1/2
塩、こしょう…各適量
なめらかホワイトソース
　┌ オリーブ油…大さじ1と1/2
　│ 小麦粉…大さじ2
　│ 牛乳…2カップ
　└ ローリエ…1枚
ピザ用シュレッドチーズ…40ｇ

■ 作り方

1 **具を炒める**　ほうれん草は熱湯でやわらかめにゆで、水にとり、水けを絞って3～4cm長さに切る。オリーブ油大さじ1/2を熱したフライパンで玉ねぎ、ハムと共に炒め、塩小さじ1/2、こしょう少々を振る。
2 **ホワイトソースを作る**　p.10の作り方3を参照し、ホワイトソースを作る。
3 **ソースと具を混ぜる**　2に1を加え、塩、こしょう各少々で味を調え、ローリエを除く。
4 **オーブンで焼く**　耐熱皿に3を注ぎ入れ、チーズをのせ、250℃に熱したオーブンでこんがりと焼き目がつくまで10～15分焼く。

💬 **memo**

ほうれん草の独特のほろ苦さが、クリーミーなソースのアクセントに。
グラタンにすると、野菜がなぜかいつもよりたっぷり食べられるから不思議。

じゃがいものミルクグラタン　さらりソース

■ 材料（2人分）

じゃがいも … 2個（5mm厚さの輪切り）
玉ねぎ … 1/2個（薄切り）
ベーコン … 3枚（2cm幅に切る）
A ┌ 水 … 1カップ
　└ 顆粒スープの素 … 小さじ1/2
B ┌ 牛乳 … 1と1/2カップ
　└ 片栗粉 … 大さじ1
塩 … 小さじ1/3
こしょう … 少々
ピザ用シュレッドチーズ … 40g

■ 作り方

1 **具を煮る**　鍋にじゃがいも、玉ねぎ、ベーコン、**A**を入れて中火にかけ、ふたをして10分、じゃがいもがやわらかくなるまで煮る。
2 **とろみをつける**　**B**を混ぜ合わせて**1**に加え、混ぜながらとろりとするまで煮て、塩、こしょうで調味する。
3 **オーブンで焼く**　耐熱皿に**2**を注ぎ入れ、チーズをのせ、250℃に熱したオーブンでこんがりと焼き目がつくまで10〜15分焼く。

memo

おいしく作るには、じゃがいもがカギ。水にさらさずにとろみをいかし、スープのおいしさをじっくり含ませたら、パーフェクト！

アオサのグラタン　なめらかソース

■ 材料（2人分）

アオサ（乾燥）…10g
（さっと水をくぐらせ、しっかり絞る）
長ねぎ…1/2本（斜め切り）
はんぺん…1/2枚（1.5cm角に切る）
オリーブ油…大さじ1/2
A ┌ 塩…小さじ1/2
　├ こしょう…少々
　└ 酒…大さじ1

なめらかホワイトソース
┌ オリーブ油…大さじ1と1/2
├ 小麦粉…大さじ2
└ 牛乳、だし…各1カップ
塩、こしょう…各少々
ピザ用シュレッドチーズ…20g

■ 作り方

1 **具を炒める**　フライパンにオリーブ油大さじ1/2を熱し、長ねぎを炒める。油が回ったら、はんぺんを加え、Aを加えて軽く炒る。

2 **ホワイトソースを作る**　別のフライパンにオリーブ油大さじ1と1/2を弱火で熱し、油が冷たいうちに小麦粉を入れて炒める。フツフツしてきたら、牛乳とだしを混ぜ合わせて加え、混ぜながら煮る。木べらでスーッと筋が描け、すぐに戻るくらいまでとろりしたらOK。

3 **ソースと具を混ぜる**　2に1、アオサの3/4量を入れてひと煮し、塩、こしょうで調味する。

4 **オーブンで焼く**　耐熱皿に3を注ぎ入れ、残りのアオサ、チーズをのせ、250℃のオーブンでこんがりと焼き目がつくまで10〜15分焼く。

💬 memo
フワ〜ッと広がる磯の香り、ふわふわのはんぺんがクセになる！
ごはんにのせて食べてもおいしい、新感覚のグラタンです。

ごま混ぜごはん、スナップえんどうのおかかあえなど、和風おかずとも相性バツグン。ごはんにかけて食べたい！

豆腐のグラタン さらりソース

■ 材料（2人分）

絹ごし豆腐…1丁
（300g／6等分に切る）
万能ねぎ…5本（3cm長さに切る）
しらす…40g
A ┌ だし…1/2カップ
  │ みりん、酒…各小さじ1
  └ 塩…小さじ1/3
B ┌ 豆乳…1カップ
  └ 片栗粉…大さじ1
しょうゆ…小さじ1

■ 作り方

1 **具を煮る**　鍋にA、豆腐を入れ、中火で2〜3分煮る。
2 **とろみをつける**　万能ねぎ、しらすの2/3量を加え、Bを混ぜ合わせて加え、混ぜながらとろりとするまで煮て、しょうゆで調味する。
3 **オーブンで焼く**　耐熱皿に2を注ぎ入れ、残りのしらすをのせ、250℃のオーブンでこんがりと焼き目がつくまで10〜15分焼く。

memo

ふんわり、つるりの豆腐と、こんがりカリカリのしらすがおいしい。
豆乳鍋をアツアツに……の発想から生まれた、和風味のグラタンです。

お麩のグラタン さらりソース

■ 材料（2人分）

焼き麩…10個
玉ねぎ…1/2個（みじん切り）
鶏ひき肉…150g
オリーブ油…大さじ1/2
だし…1と1/2カップ
A ┌ みそ…大さじ1と1/2
　└ みりん…大さじ1
B ┌ 豆乳…1カップ
　└ 片栗粉…大さじ1
粉チーズ…大さじ2

■ 作り方

1 **具を煮る**　フライパンにオリーブ油を熱し、玉ねぎ、鶏ひき肉を炒める。玉ねぎがしんなりして鶏ひき肉の色が変わったら、だしを加え、煮立ったらアクをとって1～2分煮て、混ぜ合わせたA、焼き麩を加えて煮る。
2 **とろみをつける**　焼き麩がやわらかくなったら、混ぜ合わせたBを加え、とろりとするまで煮る。
3 **オーブンで焼く**　耐熱器に2を注ぎ入れ、粉チーズを振り、250℃に熱したオーブンでこんがりと焼き目がつくまで10～15分焼く。

memo

こんがり＆ふっくらの焼き麩とほろほろのひき肉がおいしさの秘密。
麩は戻さずに直接煮汁に加えると、味がよく染みます。

湯葉のグラタン コクありソース

■ 材料（2人分）

生湯葉…100g（一口大に切る）
生しいたけ…2個
（石づきを落とし、薄切り）
ゆでたけのこ…小1本（薄切り）
長ねぎ…1/2本（あらみじん切り）
ごま油…大さじ1
オリーブ油…大さじ1/2
小麦粉…大さじ2
A ┌ だし…1カップ
　 └ 豆乳…1カップ
塩…小さじ1/3
しょうゆ…小さじ1
粉チーズ…大さじ2

■ 作り方

1. **具を炒め、ソースを作る**　フライパンにごま油、オリーブ油を熱し、長ねぎ、しいたけ、たけのこを炒め、全体に油が回ったら小麦粉を振り入れて弱火で炒める。全体に粉っぽさがなくなったら、**A**を少しずつ加えて煮る。とろりとしたら湯葉を加え、塩、しょうゆを加えてひと煮する。

2. **オーブンで焼く**　耐熱皿に**1**を注ぎ入れ、粉チーズを振り、250度のオーブンでこんがりと焼き目がつくまで10〜15分焼く。

memo

ふんわりとやさしい味わいは、茶碗蒸しやかき玉汁のおいしさに近いかも。
コリコリした歯ごたえのたけのこが、食感にアクセントを加えます。

車麩のグラタン　さらりソース

■ 材料（2人分）

車麩…小4個
（水でもどし、4等分に切る）
アスパラガス…3本
（根元の固い皮をむき、3cm長さの斜め切り）
桜えび（釜揚げ）…30g（または乾燥5g）
しょうが…2かけ（せん切り）
揚げ油…適量
ごま油…小さじ1
A ┌ だし…1と1/2カップ
　└ 片栗粉…大さじ1と1/2
B ┌ 塩…小さじ1/2
　│ しょうゆ…小さじ1
　└ みりん…小さじ2
いり白ごま…少々

■ 作り方

1 **具を揚げる**　フライパンに揚げ油を深さ5mmほど入れて熱し、車麩の水けをしっかりきって入れ、こんがりと揚げる。

2 **具を炒め、とろみをつける**　鍋にごま油を熱し、しょうが、アスパラガス、桜えびを炒める。全体に油が回って香りが出てきたら、混ぜ合わせたAを加えて混ぜ、とろりとしてきたらBを加えて調味する。

3 **オーブンで焼く**　耐熱皿に1の車麩を入れ、2を注ぎ入れて、ごまを振り、250℃のオーブンでこんがりと焼き目がつくまで10～15分焼く。

💬 memo

「これもグラタン!?」という驚きが、一口ごとに感激に変化。
カリカリの桜えびがあんのとろとろの歯触りを際立て、揚げた車麩がコクを出します。

オニオングラタンスープ コクありソース

■ 材料（2人分）

玉ねぎ…1個
（縦半分に切り、繊維に沿って薄切り）
にんにく…1かけ（みじん切り）
オリーブ油…大さじ1
小麦粉…小さじ2
A ┌ コンソメスープの素…小さじ1
  └ 湯…2カップ
塩…小さじ1/3
こしょう…少々
バゲット…薄切り2枚
ピザ用シュレッドチーズ…20ｇ

■ 作り方

1 **具を炒め、ソースを作る** 鍋にオリーブ油を熱し、玉ねぎ、にんにくを入れ、弱火で20分ほど炒める。玉ねぎがあめ色になったら小麦粉を振り入れ、粉っぽさがなくなるまで炒める。Aを混ぜてスープの素を溶き、混ぜながら少しずつ加え、すべて加えてから6～7分煮て、塩、こしょうで調味する。

2 **オーブンで焼く** 耐熱皿に **1** を注ぎ入れ、バゲットをのせ、チーズをかけ、250℃のオーブンでこんがりと焼き目がつくまで10～15分焼く。

memo

ひたすらじっくり炒め、あめ色になった玉ねぎがうまみのもと。
チーズの香ばしさも手伝い、この上ないほどのおいしさ！

アボカドとトマトのグラタン　さらりソース

■ 材料（2人分）

アボカド… 1個（7〜8mm幅に切る）
紫玉ねぎ… 1/2個（1cm角に切る）
ピーマン… 1個（1cm角に切る）
ソーセージ… 6本
オリーブ油… 大さじ1/2
塩… 小さじ1/2
A ┌ はちみつ、タバスコ… 各小さじ1
　├ トマトジュース… 1カップ
　└ 片栗粉… 大さじ1
ピザ用シュレッドチーズ… 30g
トルティーヤチップス… 適量

■ 作り方

1 **具を炒める**　フライパンにオリーブ油を熱し、紫玉ねぎ、ピーマン、ソーセージを炒め、塩を振る。

2 **とろみをつける**　混ぜ合わせたAを加え、とろりとするまで煮る。

3 **オーブンで焼く**　耐熱皿に2を注ぎ入れ、アボカドをのせ、チーズ、砕いたトルティーヤチップスをかけ、250℃のオーブンでこんがりと焼き目がつくまで10〜15分焼く。

● memo

アボカドとトマトにタバスコでピリッと辛みを効かせたら、気分はメキシカン。「森のバター」の名の通り、焼いたアボカドはとろーりなめらか！

ツナとオリーブパスタのトマトグラタン　コクありソース

■ 材料（2人分）

スパゲッティ … 100ｇ
ツナ缶 … 1缶（90ｇ／汁をきる）
黒オリーブ …（輪切り）25ｇ
にんにく … 1かけ（みじん切り）
玉ねぎ … 1/2個（みじん切り）
オリーブ油 … 大さじ2
小麦粉 … 大さじ2
トマトジュース … 2カップ
塩 … 小さじ1/4
粉チーズ … 大さじ3

■ 作り方

1 **パスタをゆでる**　スパゲッティは塩少々（分量外）を加えた熱湯に入れ、表示通りにゆで、ざるに上げて湯をきる。

2 **具を炒め、ソースを作る**　フライパンにオリーブ油を熱し、にんにく、玉ねぎを炒め、香りが出たら小麦粉を振り入れ炒める。粉っぽさがなくなったらトマトジュース、ツナ、黒オリーブを加える。

3 **パスタとソースを混ぜる**　とろりとしてきたら、スパゲッティ、塩を加える。

4 **オーブンで焼く**　耐熱皿に3を注ぎ入れ、粉チーズを振って250℃のオーブンでこんがりと焼き目がつくまで10〜15分焼く。

💬 memo

イメージしたのは、「焼きカレー」ならぬ「焼きトマトソースパスタ」。
パスタを食べた後は、パンにソースをたっぷりからめていただく楽しみも。

PART 1　ヘルシーソースグラタン

PART
2

野菜ソースグラタン

グラタンソースを野菜で作りました。
あっさりしているのに、うまみがたっぷり！
一口ごとに元気になりそうなグラタンです。

p.36 えびのセロリソースグラタン

野菜ソースは2タイプ

とろみ野菜ソース

蒸し煮にすると、とろみの出る野菜を使って

1. 野菜を炒め、蒸し煮にする

オリーブ油で野菜を炒め、水を加えて蒸し煮にして野菜の甘みを出すと共に、野菜のとろみを出す。

※ノンオイルにしたい場合は、炒めず蒸し煮にすればOK！

▼

2. なめらかにする

粗熱がとれたらミキサーに入れ、水分（牛乳など）を加えてピューレ状にする。フォークなどでつぶしても。

▼

3. 煮る

鍋に戻し、温めながら煮詰めてさらにとろみをつけ、調味する。ここで温めておくと焼き時間が短縮できる。

野菜＋とろみ素材ソース

とろみのない野菜は、じゃがいもorごはんをプラス

1. とろみを加え、煮る

オリーブ油で野菜、とろみづけ用のじゃがいもを炒め、水分（水など）を加えてふたをし、蒸し煮にする（ごはんでとろみをつける場合は、ここで加える）。

▼

2. なめらかにする

粗熱がとれたらミキサーに入れ、水分（牛乳など）を加えてピューレ状にする。スプーンなどでつぶしても。

▼

3. 煮る

鍋に戻し、煮詰めてさらにとろみをつけ、調味する。ここで温めておくと焼き時間が短縮できる。

えびのセロリソースグラタン 野菜＋とろみ素材ソース

■ 材料（2人分）

セロリソース
- セロリ…2本（斜め切り）
- じゃがいも…1/2個（1cm幅のいちょう切りにし、さっと洗う）
- オリーブ油…大さじ1
- 白ワイン…大さじ2
- 水、牛乳…各1/2カップ
- 塩…小さじ1/2
- こしょう…少々

えび…150g（殻をむき、背ワタをとる）
生しいたけ…4枚（石づきを落とし、縦4等分）
にんにく…1かけ（みじん切り）

A
- 白ワイン…小さじ1
- 塩、こしょう…各少々

オリーブ油…大さじ1/2
塩、こしょう…各適量
ピザ用シュレッドチーズ…40g

■ 作り方

1 **ソースを作る** 鍋にオリーブ油を熱し、セロリ、じゃがいもを炒める。油が回ったら白ワインと水を加え、ふたをして水分がほとんどなくなるまで蒸し煮にする。牛乳の半量を加え、粗熱がとれたらミキサーなどでピューレ状にする。鍋に戻して温め、残りの牛乳を加え、塩、こしょうで調味する。

2 **具を炒める** えびは**A**をからめる。フライパンにオリーブ油、にんにくを入れて弱火で炒め、香りが出てきたら、しいたけを炒める。油が回ったら、えびを加えて炒め、色が変わったら塩、こしょう各少々で調味する。

3 **オーブンで焼く** 耐熱皿に**1**、**2**を入れ、チーズをのせ、250℃のオーブンでこんがりと焼き目がつくまで10〜15分焼く。

memo
セロリはソースにしても、持ち味の清涼感のある香りはそのまま。グラタンの定番素材・えびときのこも、あっさり味に変身します。

celery sauce
セロリの独特の香り成分には、精神安定＆食欲増進効果あり！

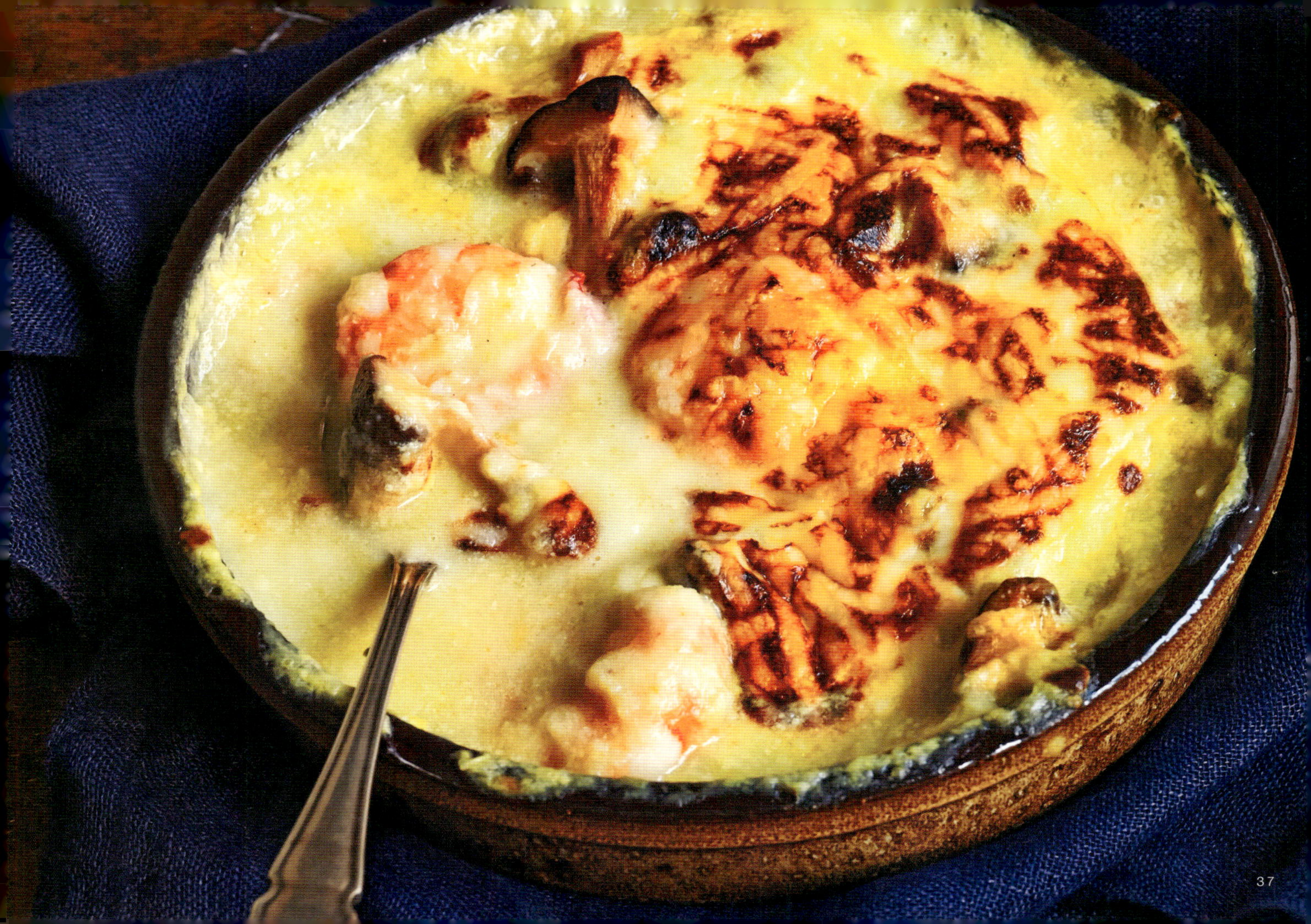

たらの じゃがいもソースグラタン

とろみ野菜ソース

■材料（2人分）

じゃがいもソース
- じゃがいも…1個（1cm厚さの半月切りにし、さっと洗う）
- 玉ねぎ…1/4個（横に1cm幅に切る）
- にんにく…1かけ（たたきつぶす）
- オリーブ油…大さじ1/2
- 水、牛乳…各1/2カップ
- 塩…小さじ1/2
- こしょう…少々

- 生だら…2切れ（骨を除き、一口大に切る）
- 塩…小さじ1/3
- こしょう…少々
- オリーブ油…小さじ1
- 白ワイン…小さじ2
- オレガノ（ドライ）…小さじ1
- 粉チーズ…大さじ2

■作り方

1. **ソースを作る** 鍋にオリーブ油とにんにくを入れて火にかけ、香りが出たら、じゃがいも、玉ねぎを炒める。油が回ったら分量の水を加え、ふたをして水分がほとんどなくなるまで蒸し煮にし、牛乳を加え、粗熱がとれたらミキサーなどでピューレ状にする。鍋に戻して温め、塩、こしょうで調味する。

2. **具を焼く** 生だらは塩を振って10分おき、出てきた水分を拭き、こしょうを振る。オリーブ油を熱したフライパンで両面をこんがりと焼き、白ワインを振って香りをつける。

3. **オーブンで焼く** 耐熱皿に1の半量を敷き、2をのせ、オレガノの半量を振る。1の残り、オレガノの半量を順にかけ、粉チーズを振る。250℃のオーブンでこんがりと焼き目がつくまで10～15分焼く。

potato sauce

じゃがいものビタミンCは、加熱しても壊れにくい！ビタミンB$_1$も豊富。

memo

ポルトガル風のポテトとたらのグラタンをアレンジ。ホクホクでクリーミーなポテトをたらにたっぷりからめてどうぞ。オレガノの香りがマッチ。

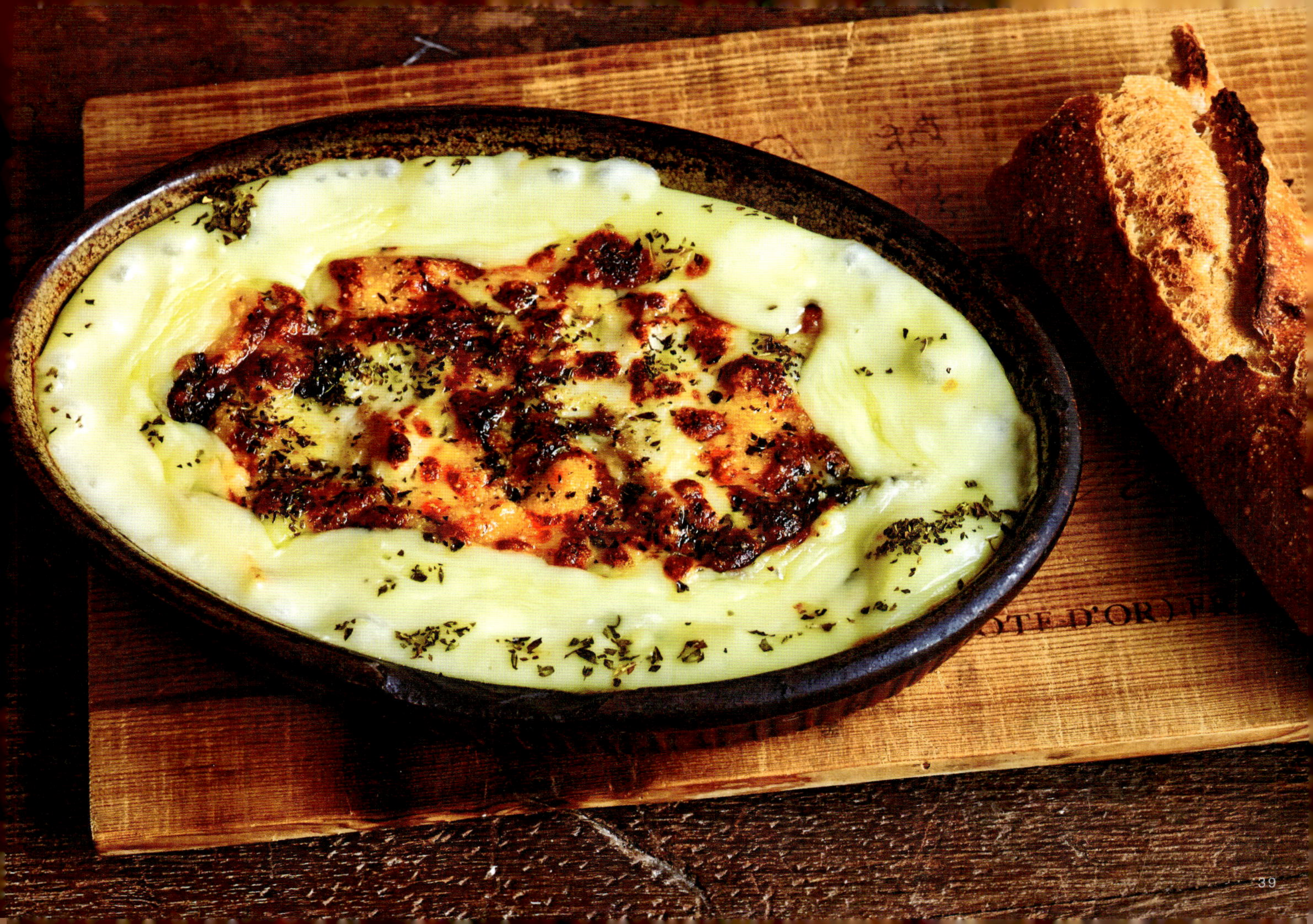

ソーセージの
かぼちゃソースグラタン

とろみ野菜ソース

■材料（2人分）

かぼちゃソース
- かぼちゃ…1/6個（ざく切り）
- 玉ねぎ…1/4個（ざく切り）
- しょうが…1かけ（薄切り）
- オリーブ油…大さじ1/2
- カレー粉…小さじ2
- 水…1/2カップ
- 牛乳…1カップ
- 塩…小さじ1/2

ソーセージ…8本
ピザ用シュレッドチーズ…30g

■作り方

1. **ソースを作る** 鍋にオリーブ油を熱し、かぼちゃ、玉ねぎ、しょうが、カレー粉を加えて炒める。香りが出て油が全体に回ったら、分量の水を加え、ふたをして水分がほとんどなくなるまで蒸し煮にする。牛乳を加え、粗熱がとれたらミキサーなどでピューレ状にする。鍋に戻して温め、塩で調味する。

2. **オーブンで焼く** 耐熱皿に**1**を入れ、ソーセージをのせ、チーズをかけて250℃のオーブンでこんがりと焼き目がつくまで10～15分焼く。

pumpkin sauce

かぼちゃには、粘膜などを強化し、免疫力を高めるカロテンが豊富。風邪予防や美肌にも！

💬 memo

スパイシーなカレー粉は、かぼちゃの味を引き立たせるベストな相性。しょうがの辛みのおかげで、まろやかなのに飽きのこない味に。

41

えびときのこのれんこんソースグラタン　とろみ野菜ソース

■材料（2人分）

れんこんソース
- れんこん…大1節（250g／1cm厚さのいちょう切り）
- ごま油…大さじ1/2
- だし…1カップ
- A
  - 塩…小さじ1/3
  - みりん…小さじ2
  - しょうゆ…小さじ1
- えび…150g（殻をむき、背から切り目を入れ、ワタを除く）
- しめじ…1パック（石づきをとる）
- ごま油…小さじ1
- 塩、こしょう…各少々
- 酒…小さじ1

トッピング
- 高野豆腐…1/2個
- ごま油…大さじ1/2

■作り方

1. **ソースを作る**　鍋にごま油を熱してれんこんを炒め、油が回ったら、だしの半量を入れ、ふたをして10〜15分、水分がほとんどなくなるまで蒸し煮にする。れんこんの1/3量を飾り用にとり分け、だしの残りを加え、粗熱がとれたらミキサーなどでピューレ状にする。鍋に戻して温め、Aで調味する。

2. **具を炒める**　フライパンにごま油を熱し、しめじを焼きつけ、こんがりとしたら、えびを加えて炒める。色が変わったら、塩、こしょうで調味し、酒を振ってさっと炒める。

3. **トッピングを作る**　高野豆腐は熱湯で戻し、冷めたら手でポロポロにくずし、ごま油をからめる。

4. **オーブンで焼く**　耐熱皿に2を入れ、1のソースをかけ、とり分けたれんこんをのせ、3を散らす。250℃のオーブンでこんがりと焼き目がつくまで10〜15分焼く。

lotus root sauce

れんこんには、胃や腸の粘膜を保護し、便秘解消に効果的なムチンがたっぷり。

💬 **memo**

コリコリ、さらり。れんこんの2つの食感が味わえる、和風グラタン。だしを含んだトッピングの高野豆腐が、口の中でじゅわっとジューシー。

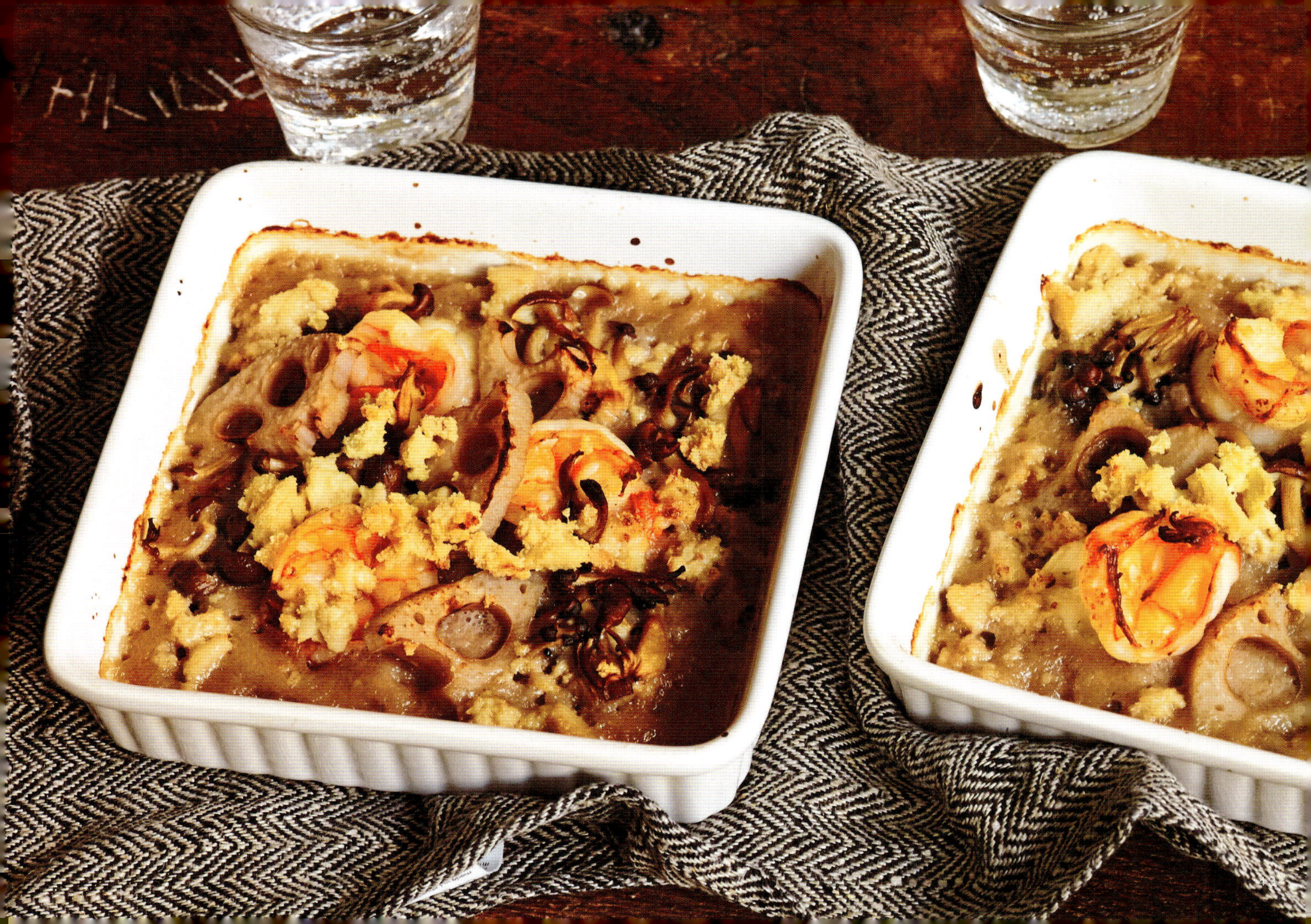

牛肉のごぼうソースグラタン　とろみ野菜ソース

■材料（2人分）

<u>ごぼうソース</u>
- ごぼう…1本（150ｇ／皮をよく洗い、1cm厚さの斜め切り）
- オリーブ油…大さじ1/2
- A
  - だし…1/2カップ
  - しょうゆ、みりん…各大さじ1
  - 赤唐辛子…1本（小口切り）
- 豆乳…1/2カップ

- 牛切り落とし肉…200ｇ（一口大に切る）
- 長ねぎ…1/2本（斜めに切り目を入れ、4cm長さに切る）
- オリーブ油…小さじ1
- 塩…小さじ1/3
- こしょう…少々
- 酒…小さじ1
- すり白ごま…大さじ1

■作り方

1. **ソースを作る**　フライパンにオリーブ油を熱してごぼうをじっくり炒め、やわらかくなったらAを加えて2〜3分煮る。ごぼうを飾り用に少しとり分け、豆乳を加え、粗熱がとれたらミキサーなどでピューレ状にする。
2. **具を炒める**　フライパンにオリーブ油を熱し、長ねぎと牛肉を焼きつけ、こんがりとしたら塩、こしょうで調味し、酒を振ってさっと炒める。
3. **オーブンで焼く**　耐熱皿に**2**、とり分けたごぼうを入れ、**1**のソースをかける。ごまを振り、250℃のオーブンでこんがりと焼き目がつくまで焼く。

💬 memo

牛肉とねぎ、ごぼうを甘辛味で仕上げた、
すき焼き風！グラタン。
豆乳のマイルド感、ごまの香ばしさが、味の決め手。

burdock sauce
セルロースやリグニンなどの食物繊維を含むごぼうは、便秘の強い味方。血圧上昇を抑えるカリウムも。

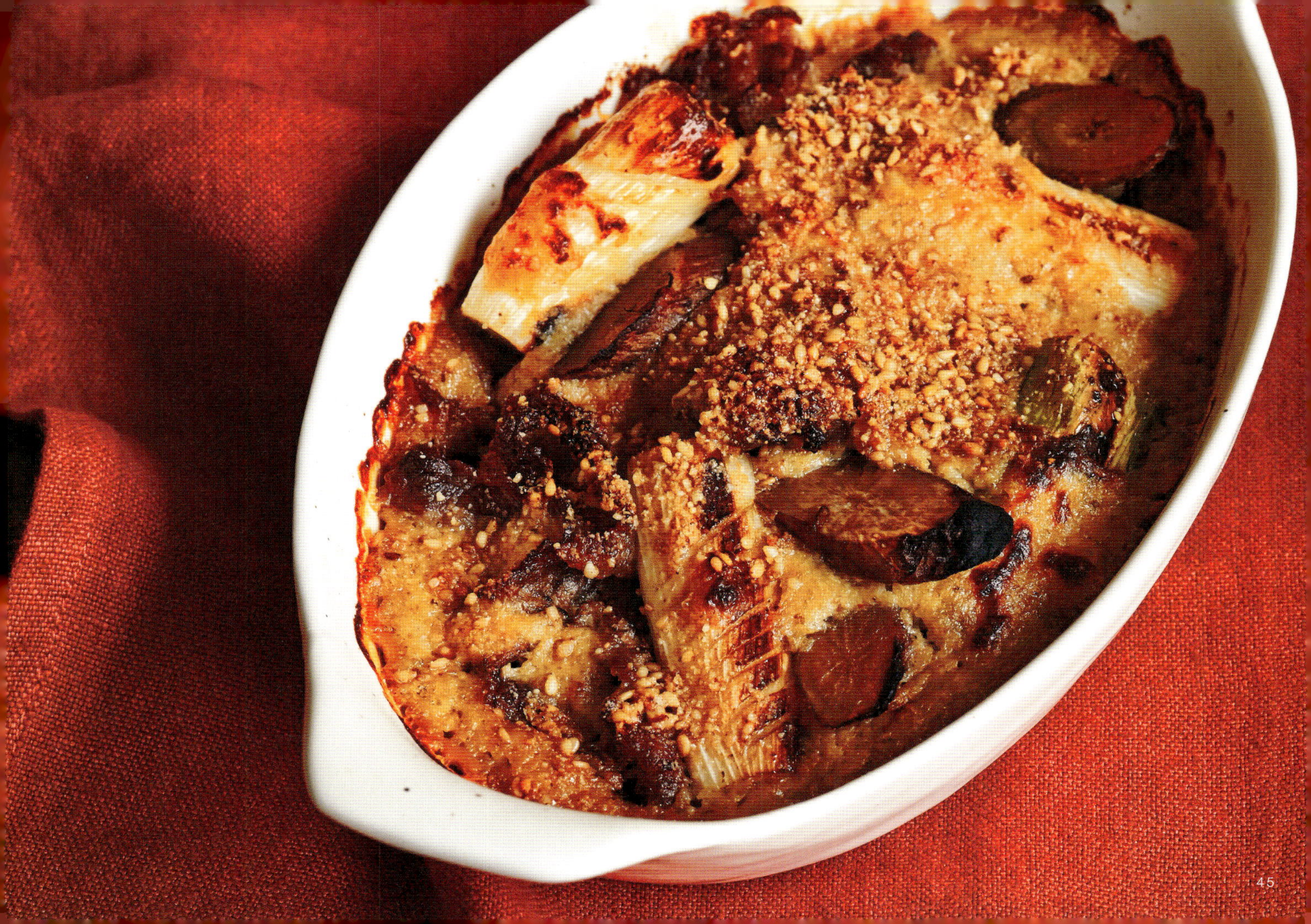

taro sauce

里いも特有のぬめりは、ガラクタンなどの成分。血中コレステロール低下に効果的。

鶏肉ときのこの里いもソースグラタン

とろみ野菜ソース

■ 材料（2人分）

里いもソース
- 里いも … 3個（1cm厚さの輪切り）
- 玉ねぎ … 1/4個（薄切り）
- オリーブ油 … 大さじ1/2
- 水、牛乳 … 各1/2カップ
- 塩 … 小さじ1/2
- こしょう … 少々

鶏もも肉 … 1枚（余分な脂を除き、一口大に切る）
まいたけ … 1パック（ほぐす）
塩 … 小さじ1/4
こしょう … 少々
オリーブ油 … 小さじ1
ピザ用シュレッドチーズ … 30g

■ 作り方

1 **ソースを作る** 鍋にオリーブ油を熱して里いも、玉ねぎを炒め、全体に油が回ったら分量の水を入れ、ふたをして水分がほぼなくなるまで蒸し煮にする。里いもを飾り用に少しとり分け、牛乳を加えて粗熱がとれたらミキサーなどでピューレ状にする。鍋に戻して温め、塩、こしょうで調味する。

2 **具を焼く** 鶏肉は塩、こしょうで下味をつける。オリーブ油を熱したフライパンで、まいたけと共にこんがりと焼きつける。

3 **オーブンで焼く** 耐熱皿に1のソースの半量を敷き、2、とり分けた里いもをのせ、ソースの残りをかける。チーズをかけ、250℃のオーブンでこんがりと焼き目がつくまで10〜15分焼く。

💬 memo

焼いて味が濃厚になったまいたけと、ねっとりとした里いもソースを楽しむグラタン。里いもの皮は、洗って乾かしてからむくとすべりません。

PART 2 ● 野菜ソースグラタン

47

玉ねぎとベーコンの
さつまいもソースグラタン

とろみ野菜ソース

memo
さつまいものうまみが
ギュッと詰まったグラタン。
ベーコンの塩けとにんにくの辛みを
利かせると、一気におかず仕様に。

■ 材料（2人分）

さつまいもソース
- さつまいも … 1本
  （200g／皮つきで1cm厚さの輪切り、水にさらす）
- にんにく … 1かけ
  （たたきつぶす）
- オリーブ油 … 大さじ1/2
- 水 … 1/2カップ
- 牛乳 … 1カップ
- 塩 … 小さじ1/3
- こしょう … 少々

玉ねぎ … 1個（縦6等分に切る）
厚切りベーコン … 100g
（1cm角の棒状に切る）
レーズン … 大さじ3
（ぬるま湯で戻す）
オリーブ油 … 小さじ1
塩、こしょう … 各少々
粉チーズ … 大さじ2

■ 作り方

1. **ソースを作る** 鍋にオリーブ油、にんにくを入れて弱火で炒め、香りが出たら、水けをきったさつまいもを入れてさっと炒める。分量の水を加え、ふたをして水分がほとんどなくなるまで蒸し煮にし、さつまいもを飾り用に少しとり分け、牛乳を入れ、粗熱がとれたらミキサーなどでピューレ状にする。鍋に戻して温め、塩、こしょうで調味する。

2. **具を焼く** フライパンにオリーブ油を熱し、玉ねぎ、ベーコン、レーズンを焼き、こんがりしたら塩、こしょうを振る。

3. **オーブンで焼く** 耐熱皿に1のソースを少し敷き、2、とり分けたさつまいもをのせる。ソースの残りをかけ、粉チーズを振って250℃のオーブンでこんがりと焼き目がつくまで10〜15分焼く。

sweet potato sauce
食物繊維やヤラピンという成分で、便通をよくするさつまいも。ビタミンCもたっぷり。

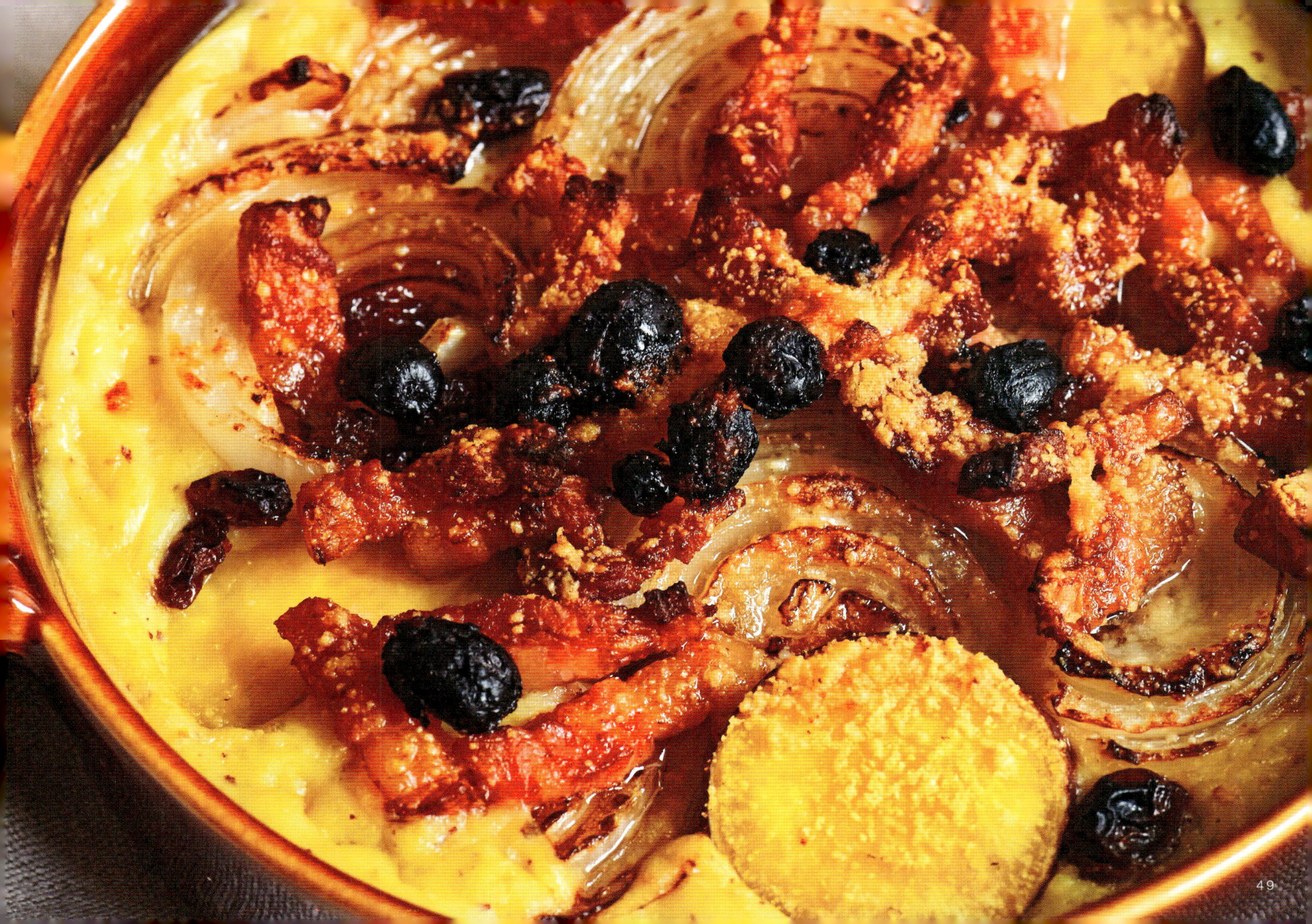

chinese yam sauce

でんぷん分解酵素・アミラーゼや、胃の粘膜を保護するガラクタンという成分を含む長いも。

ブロッコリーとかに風味かまぼこの長いもソースグラタン

とろみ野菜ソース

■ 材料（2人分）

長いもソース
- 長いも…200g（4cm分は皮つき、残りは皮をむき、各半月切り）
- ごま油…大さじ1/2
- だし…1と1/2カップ
- 塩…小さじ1/3
- しょうゆ…小さじ1

ブロッコリー…1/2株
（小房に分け、塩ゆでにする）

かに風味かまぼこ…4本
（長さ半分に切り、ほぐす）

トッピング
- おから…大さじ3
- ごま油…大さじ1/2
- 塩…小さじ1/4

■ 作り方

1. **ソースを作る** 鍋にごま油を熱して長いもを炒め、油が回ったらだし1/2カップを加え、ふたをして水分がほとんどなくなるまで蒸し煮にする。やわらかくなったら皮つきの長いもを飾り用にとり分ける。だしの残りを加え、粗熱がとれたらミキサーなどでピューレ状にする。鍋に戻して温め、塩、しょうゆで調味する。

2. **トッピングを作る** トッピングの材料を混ぜ合わせる。

3. **オーブンで焼く** 耐熱皿に1のソースを少し敷き、ブロッコリー、かに風味かまぼこ、とり分けた長いもをのせ、1の残りをかける。2を散らし、250℃のオーブンでこんがりと焼き目がつくまで10～15分焼く。

💬 **memo**

ブロッコリーやかに風味かまぼこがごろごろ入った、あんかけ風おかずグラタン。和風のだしベースのあっさり味に、おからのカリカリ感が新しい。

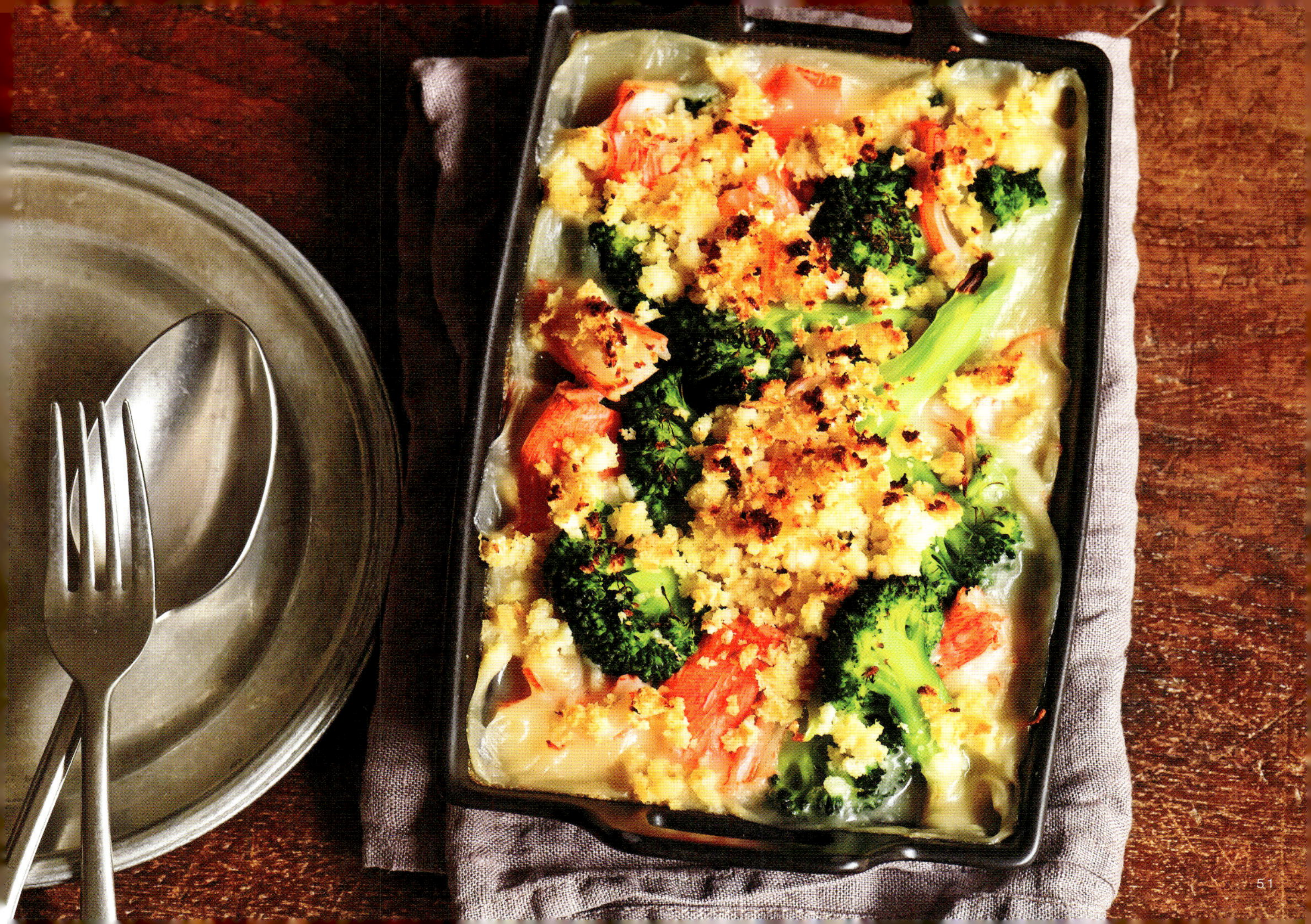

鮭の玉ねぎソースグラタン とろみ野菜ソース

■材料（2人分）

玉ねぎソース
- 玉ねぎ…2個（縦半分に切り、横に1cm幅に切る）
- オリーブ油…大さじ1
- A ┌ 水…1/2カップ
　　└ 白ワイン…大さじ1
- 牛乳…1カップ
- 塩…小さじ1/2
- こしょう…少々

- 生鮭…2切れ
- ミニトマト…6個
- 塩…小さじ1/2
- こしょう…少々
- オリーブ油…小さじ1
- ピザ用シュレッドチーズ…30g

■作り方

1. **ソースを作る**　鍋でオリーブ油を熱して玉ねぎを炒め、油が回ったらAを加え、ふたをして水分がほとんどなくなるまで蒸し煮にする。やわらかくなったら飾り用に少しとり分け、牛乳を加え、粗熱がとれたらミキサーなどでピューレ状にする。鍋に戻して温め、塩、こしょうで調味する。

2. **具を焼く**　生鮭は塩を振って10分ほどおき、出てきた水けを拭いてこしょうを振る。オリーブ油を熱したフライパンで両面をこんがりと焼く。

3. **オーブンで焼く**　耐熱皿に1のソースの半量を入れ、2、ミニトマトをのせる。残りのソースをかけ、チーズをのせて250℃のオーブンでこんがりと焼き目がつくまで10～15分焼く。

memo
鮭は1切れずつドーンと並べ、甘みある玉ねぎソースをたっぷりかけて焼き上げます。クリーミーソースにミニトマトの酸味がいい感じ！

onion sauce
玉ねぎの香り成分・硫化アリルは、加熱することで甘い成分へと変化。自然の甘みを楽しんで。

53

ホタテとパセリライスの
コーンソースグラタン とろみ野菜ソース

■ 材料（2人分）

コーンソース
- クリームコーン缶…1缶（190g）
- 牛乳…1/2カップ
- クリームチーズ…20g（ちぎる）
- 塩、こしょう…各少々

ホタテ…6個
塩、こしょう…各少々
オリーブ油…大さじ1/2
白ワイン…大さじ1

A
- ごはん…300g
- マヨネーズ…大さじ1
- パセリのみじん切り…大さじ2

粉チーズ…大さじ2

■ 作り方

1 **ソースを作る** ソースの材料を混ぜ合わせる。

2 **具を焼く** ホタテは塩、こしょうを振る。オリーブ油を熱したフライパンで両面をこんがりと焼き、白ワインを振ってとり出す。

3 **ソースと具材を合わせる** 2のフライパンに1を加えて火にかけ、煮立ったら火を止める。

4 **オーブンで焼く** Aを混ぜ合わせて耐熱皿に入れ、2のホタテをのせ、3のソースをかける。粉チーズを振り、250℃のオーブンでこんがりと焼き目がつくまで10〜15分焼く。

Indian corn sauce
とうもろこしには、セルロースという食物繊維が豊富。胚芽には、ビタミンB_1も。

💬 **memo**
とろみがあり、下ゆでもいらないクリームコーン缶はグラタンソースにもってこい！パセリごはんとホタテにかけてドリア風に。

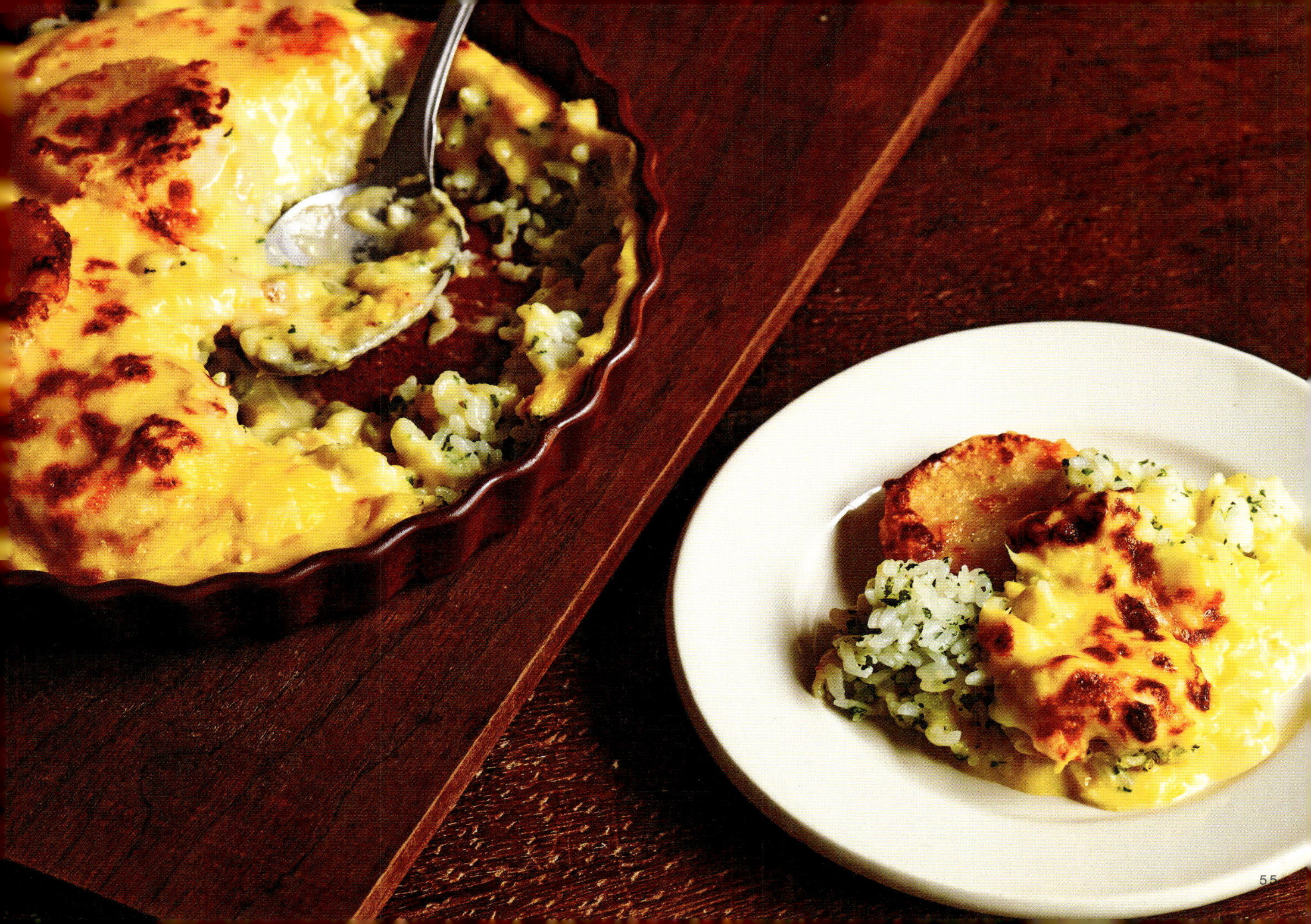

carrot sauce

にんじんのカロテン含有量は、野菜の中でもトップクラス。皮膚や粘膜を保護し、風邪予防にも。

たらこのにんじんソースパングラタン

野菜＋とろみ素材ソース

サラダを添えるだけで、大満足なメニューの完成。

■材料（2人分）

にんじんソース
- にんじん…1本（1cm厚さのいちょう切り）
- 玉ねぎ…1/4個（横に5mm幅に切る）
- ごはん…50g
- オリーブ油…大さじ1/2
- 水、牛乳…各1/2カップ
- 塩…小さじ1/3
- こしょう…少々

- たらこ…1/2腹（薄皮を除く）
- マヨネーズ…大さじ2
- おろしにんにく…少々
- フランスパン…2cm厚さ6枚
- 粉チーズ…大さじ1

■作り方

1 **ソースを作る** 鍋にオリーブ油を熱してにんじん、玉ねぎを炒め、ごはん、分量の水を入れ、ふたをして水分がほとんどなくなるまで蒸し煮にする。粗熱がとれたらミキサーなどでピューレ状にする。鍋に戻し、牛乳を加えて温め、塩、こしょうで調味する。

2 **具の準備** たらこはマヨネーズ、おろしにんにくを混ぜ、半分に切ったフランスパンに塗る。

3 **オーブンで焼く** 耐熱皿に**2**をのせて**1**のソースをかけ、粉チーズを振って250℃のオーブンでこんがりと焼き目がつくまで10〜15分焼く。

💬 memo

パンをスープに浸して食べる、"つけパン"のグラタン版です。たらこの塩けとにんじんの甘みが、相性よし。

PART 2 ● 野菜ソースグラタン

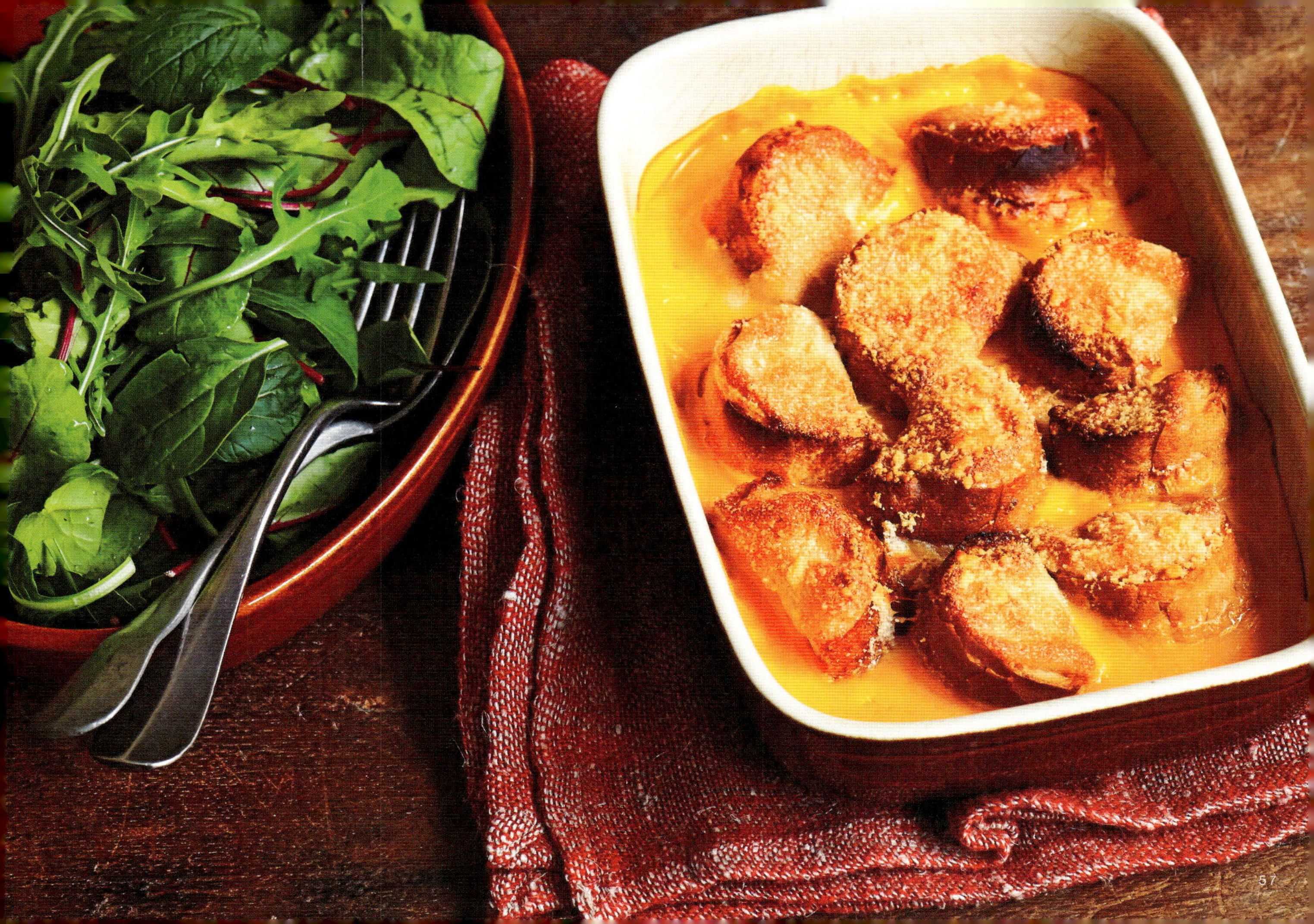

アンチョビパスタの
カリフラワーソースグラタン

野菜＋とろみ素材ソース

■ 材料（2人分）

カリフラワーソース
- カリフラワー…1/2株
  （小房に分ける）
- じゃがいも…1/2個（1cm厚さの
  いちょう切りにし、さっと洗う）
- 玉ねぎ…1/4個
  （横に5mm幅に切る）
- にんにく…1かけ
  （たたきつぶす）
- オリーブ油…大さじ1/2
- 水、牛乳…各1/2カップ
- 塩…小さじ1/2
- こしょう…少々

フジッリなどのショートパスタ
…100g
アンチョビフィレ…6枚
粉チーズ…大さじ3

■ 作り方

1. **ソースを作る** 鍋にオリーブ油を熱してソースの野菜すべてを炒め、全体に油が回ったら分量の水を加え、ふたをして水分がほとんどなくなるまで蒸し煮にする。牛乳を加え、粗熱がとれたらミキサーなどでピューレ状にする。鍋に戻して温め、塩、こしょうで調味する。

2. **パスタをゆでる** フジッリは塩少々（分量外）を入れた熱湯で表示通りにゆで、ざるに上げて湯をきる。

3. **オーブンで焼く** 耐熱皿に2を入れ、1をかけ、アンチョビをちぎってのせ、粉チーズを振って250℃のオーブンでこんがりと焼き目がつくまで10〜15分焼く。

cauliflower sauce
加熱しても壊れにくいビタミンCをたくさん含む、カリフラワー。豊富な食物繊維が便秘予防にも！

💬 memo

グラタンの具にすることも多いカリフラワーをソースにしたら、香り豊か。
アンチョビのうまみと塩けが、やさしい味のソースにパンチをプラス。

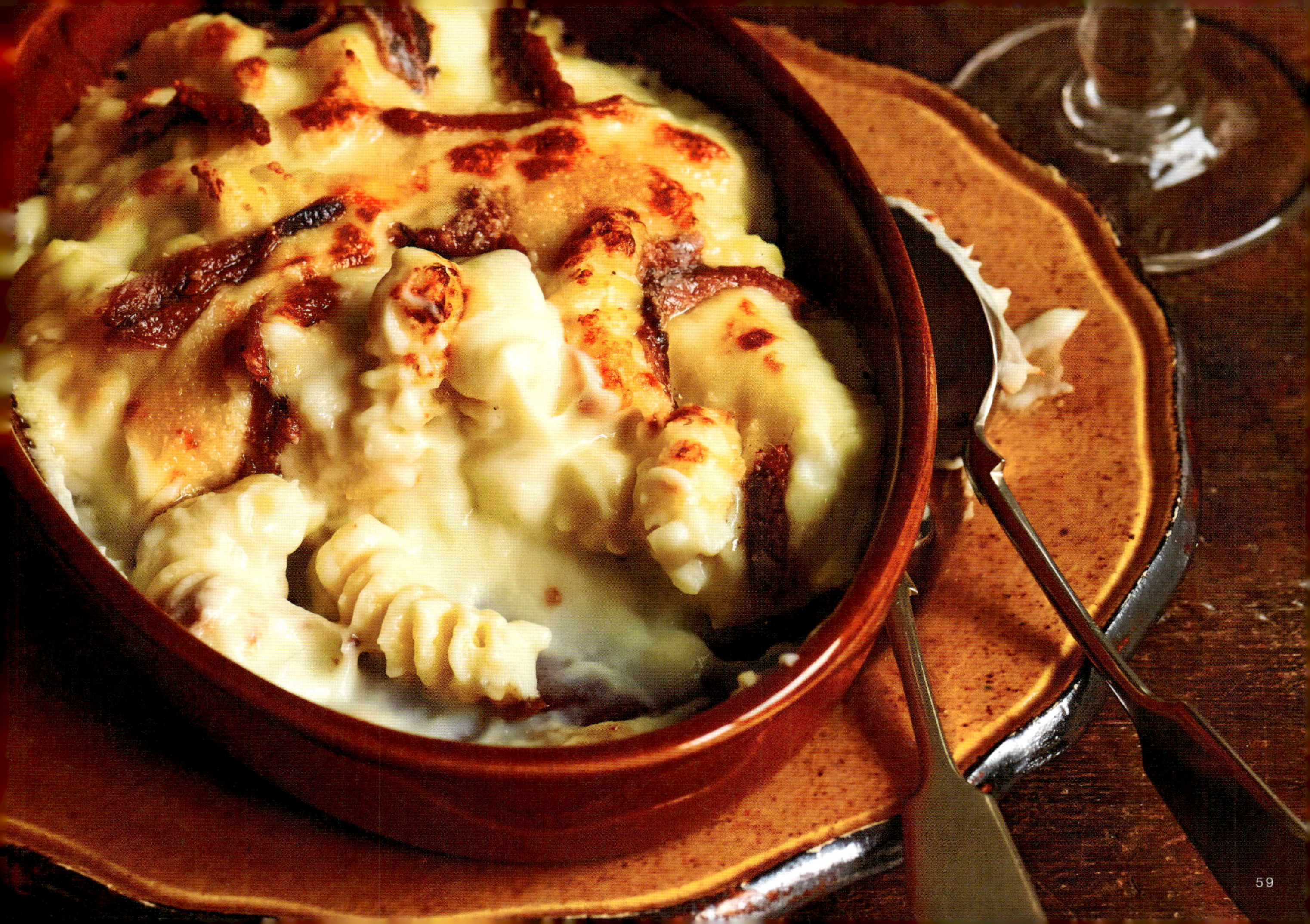

モッツァレラとバジルの
トマトソースグラタン

野菜＋とろみ素材ソース

■ 材料（2人分）

トマトソース
- トマト…3個（ざく切り）
- じゃがいも…1/2個（1cm厚さのいちょう切りにし、さっと洗う）
- 玉ねぎ…1/4個（繊維を断ち切るように5mm幅に切る）
- にんにく…1かけ（たたきつぶす）
- オリーブ油…大さじ1
- 塩…小さじ1/2

モッツァレラチーズ…1個（1cm幅に切る）
バジル…6枚

■ 作り方

1. **ソースを作る** 鍋にオリーブ油を熱してソースのにんにく、玉ねぎ、じゃがいも、トマトを順に炒め、油が回ったらふたをして15分、とろりとするまで煮る。粗熱がとれたらミキサーなどでピューレ状にし、鍋に戻して温め、塩で調味する。
2. **オーブンで焼く** 耐熱皿にモッツァレラチーズを並べる。1のソースをかけ、250℃のオーブンでこんがりと焼き目がつくまで10〜15分焼く。仕上げにバジルをのせる。

💬 **memo**

クリーミーなトマトソースの中から、とろとろのチーズ！
ディップ感覚でパンにつけて食べると、もう止まりません。

tomato sauce
カロテンやビタミンCを含むトマトは、美容効果がバツグン。
強力な抗酸化作用のあるリコペンも。

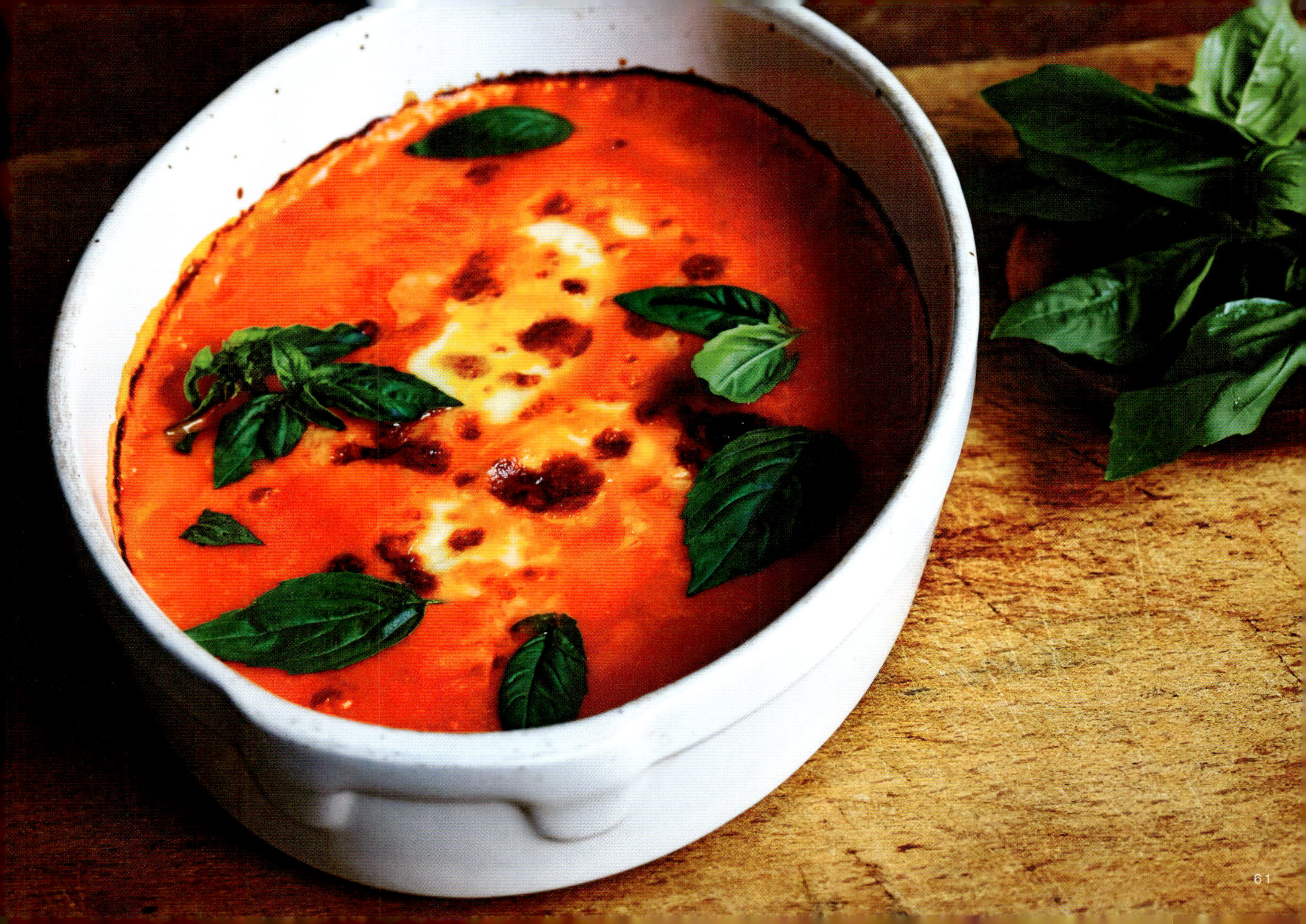

もちのかぶソースグラタン

野菜＋とろみ素材ソース

■ 材料（2人分）

かぶソース
- かぶの根… 4個（くし形切り）
- ごはん… 50g
- だし… 1カップ
- 豆乳… 1/2カップ
- 塩… 小さじ1/3

切りもち… 2個（4等分に切る）

かぶの葉… 4個分（3cm長さに切る）

柿の種… 1/4カップ（砕く）

turnip sauce
でんぷん分解酵素・アミラーゼや抗がん物質・グルコシノレートという成分を含む、かぶ。

■ 作り方

1. **ソースを作る** 鍋にかぶの根、ごはん、だしを入れ、ふたをして15分、水分がほとんどなくなるまで蒸し煮にする。粗熱がとれたらミキサーなどでピューレ状にする。鍋に戻し、豆乳を加えて温め、塩で調味する。
2. **具をゆでる** かぶの葉はさっとゆでる。
3. **オーブンで焼く** 耐熱皿に1のソースを敷き、切りもち、かぶの葉をのせ、柿の種を振り、250℃のオーブンでこんがりと焼き目がつくまで10〜15分焼く。

💬 memo
ほのかな苦みがおいしいかぶソースをかけた、もち入りあっさりグラタン。
とろ〜りもちと、カリカリの柿の種の食感のコントラストを楽しんで。

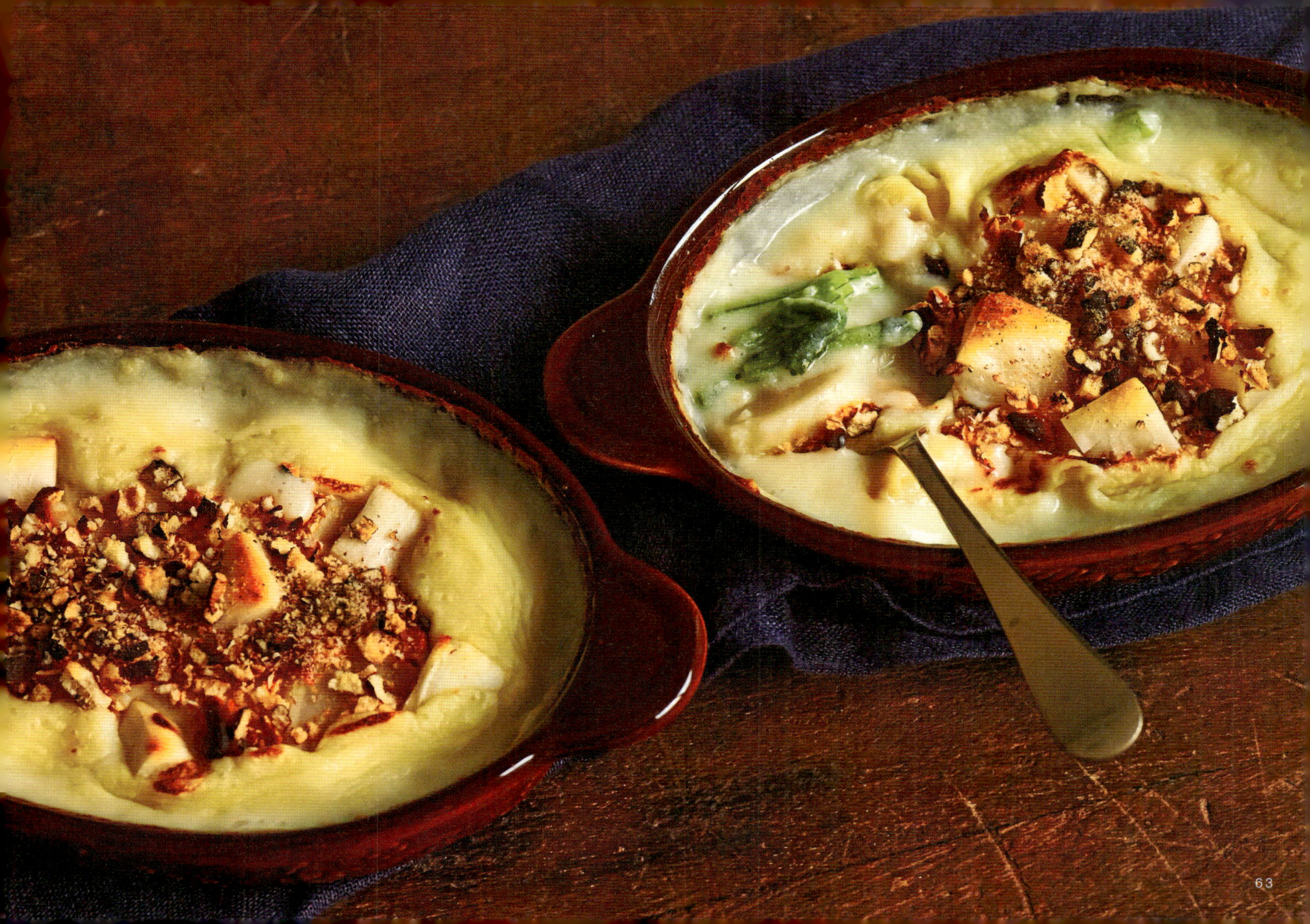

basil sauce

カロテンやビタミンE、ミネラルを豊富に含むバジル。香り成分には、食欲増進効果も。

じゃがいもとたこの バジルソースグラタン

野菜＋とろみ素材ソース

■ 材料（2人分）

バジルソース
- バジル…20g（ちぎる）
- じゃがいも…1/2個（1cm厚さのいちょう切りにし、さっと洗う）
- にんにく…2かけ（たたきつぶす）
- 赤唐辛子…1本（半分に切る）
- オリーブ油…大さじ1
- 水、牛乳…各1/2カップ
- 塩…小さじ1/3

じゃがいも…1と1/2個（くし形に切り、さっと洗う）
ゆでだこ…150g（一口大に切る）
ピザ用シュレッドチーズ…40g

■ 作り方

1. **ソースを作る** 鍋にオリーブ油、にんにく、赤唐辛子を弱火で炒め、香りが出たらじゃがいもを入れて炒める。全体に油が回ったら分量の水を加え、ふたをして水分がほとんどなくなるまで蒸し煮にする。牛乳を加え、粗熱がとれたらミキサーに入れ、バジルを加え、ピューレ状にする。鍋に戻して温め、塩で調味する。

2. **具の準備** じゃがいもはラップに包み、電子レンジで4分加熱する。

3. **オーブンで焼く** 耐熱皿に1のソースの半量を敷き、2とたこをのせ、1のソースの残りをかける。チーズをのせ、250℃のオーブンでこんがりと焼き目がつくまで10〜15分焼く。好みでフランスパンを添えても。

💬 **memo**

バジルのさわやかな香りがふわ〜っと広がり、素材をやさしく包み込みます。これには迷わず、白ワインでしょう！

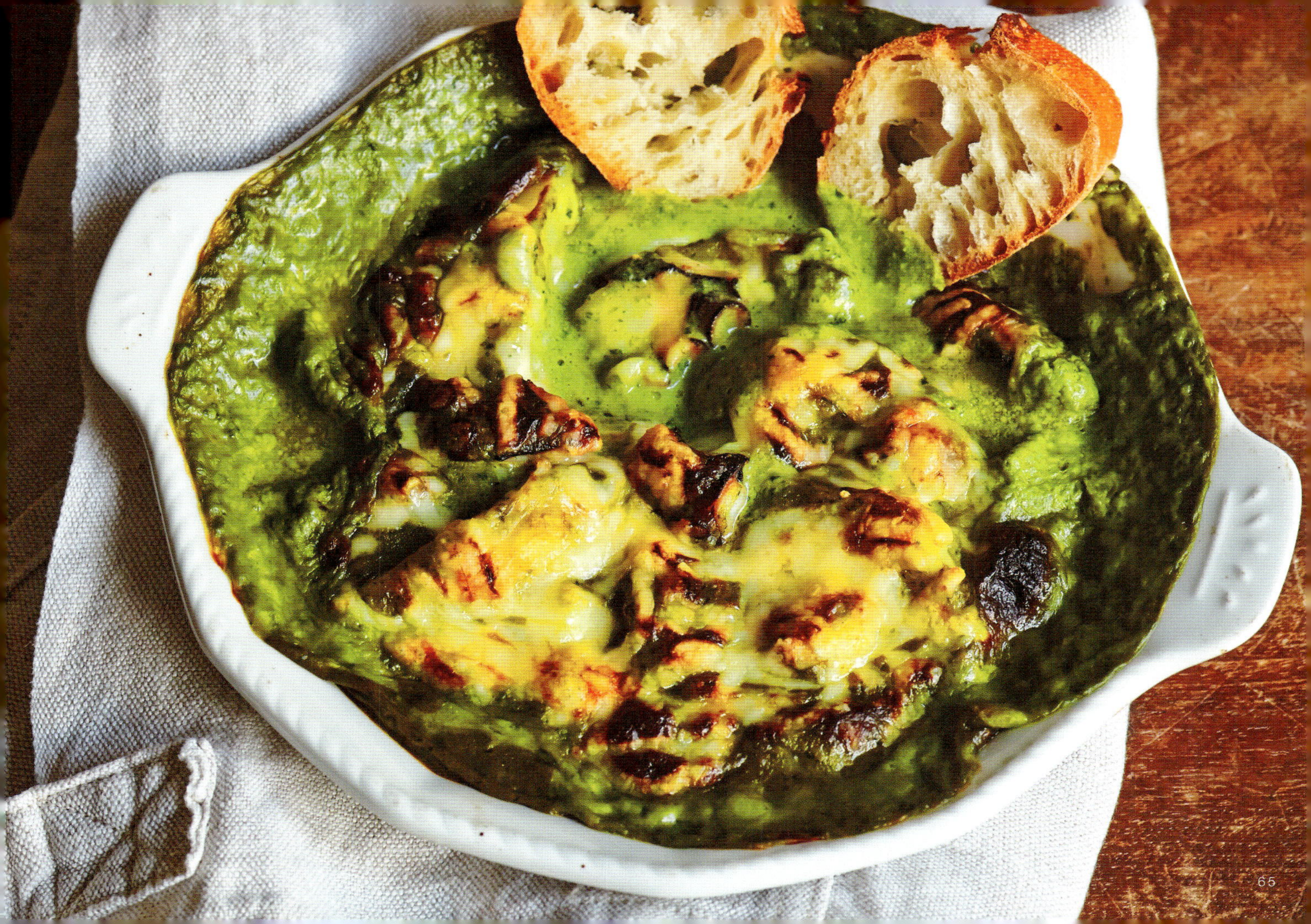

あさりとベーコンの ブロッコリーソースグラタン

野菜＋とろみ素材ソース

ブロッコリーに含まれる ビタミンCはレモン以上！ アンチエイジング効果にも期待。

■ 材料（2人分）

ブロッコリーソース
- ブロッコリー…1/2株（小房に分ける）
- じゃがいも…1/2個（1cm厚さのいちょう切りにし、さっと洗う）
- にんにく…1かけ（たたきつぶす）
- オリーブ油…大さじ1
- 白ワイン…大さじ3
- 水、牛乳…各1/2カップ
- 塩…小さじ1/3
- こしょう…少々

あさり…300g（塩水で砂抜き、よく洗う）
ベーコン（厚切り）…50g（角切り）
フランスパン…5cm（ちぎる）
オリーブ油…小さじ1

■ 作り方

1 **ソースを作る** 鍋にオリーブ油、にんにくを入れて弱火で炒め、香りが出てきたらブロッコリー、じゃがいもを炒める。油が回ったら白ワイン、分量の水を加え、ふたをして水分がほとんどなくなるまで蒸し煮にする。牛乳の半量を加え、粗熱がとれたらミキサーなどでピューレ状にする。鍋に戻して牛乳の残りを加えて温め、塩、こしょうで調味する。

2 **オーブンで焼く** 耐熱皿に1のソースの半量を入れ、あさり、ベーコンをのせ、1のソースの残りをかける。フランスパンをのせ、オリーブ油をかけ、250℃のオーブンでこんがりと焼き目がつくまで10〜15分焼く。

■ memo

あさりとベーコン、ダブルのうまみがぎっしり詰まったグラタン。
チーズ代わりにはフランスパンをちぎり、カリカリになったところをどうぞ。

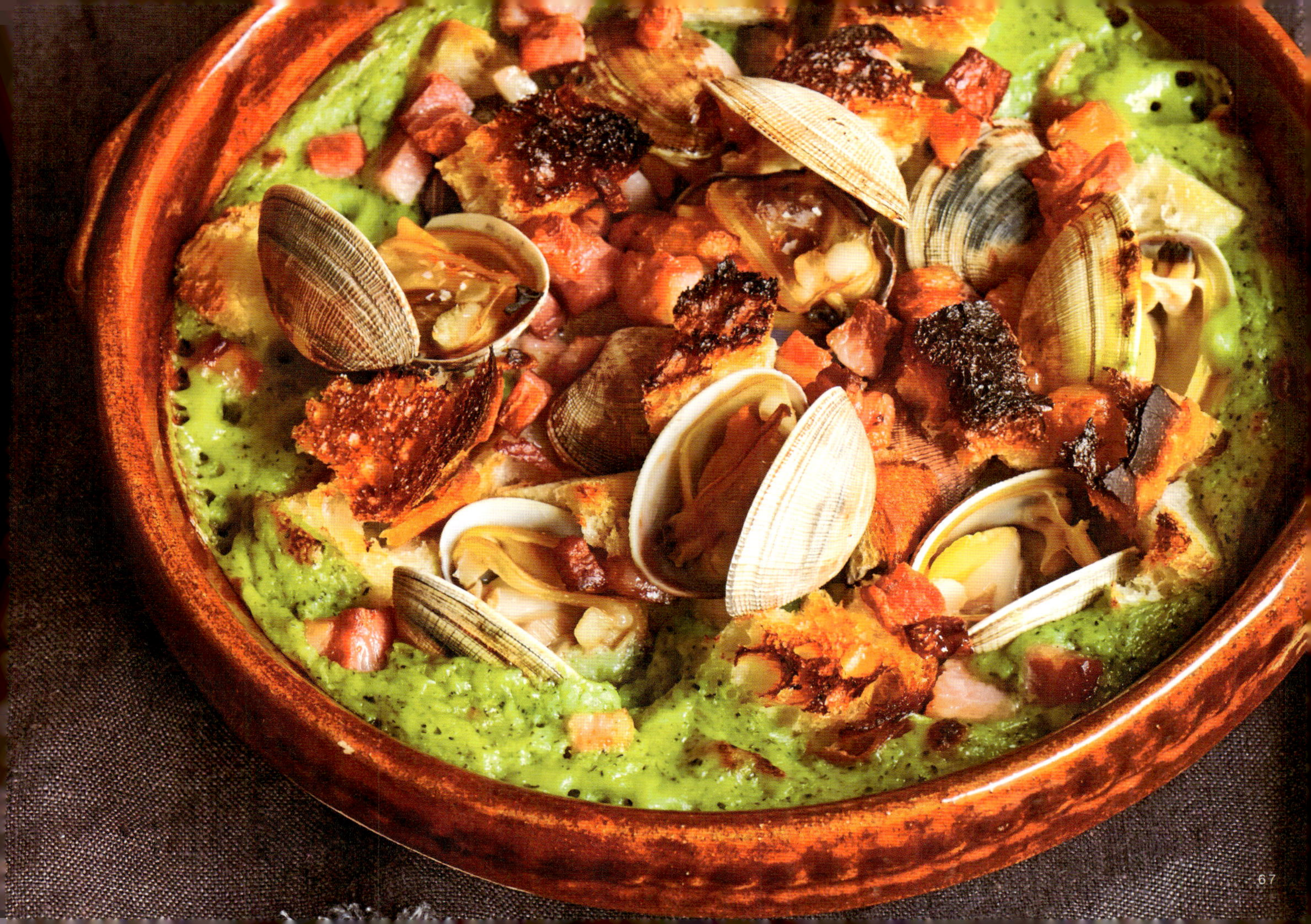

PART 3 豆ソースグラタン

体にいい豆をグラタンのソースにしました。
ソースにすれば、一度にたくさん食べられます。
1つの豆ソースから2つのレシピを紹介しているので、
一度に多めに作り、保存しておいて2つの味を楽しんでも！

p.70 豚肉とさやいんげんの白いんげん豆ソースグラタン

豆ソースは2タイプ

※「豆」は材料表では「水煮」としていますが「ドライパック」でも構いません。

ほっこり豆ソース

つぶすだけでとろみが出やすい豆はこの方法

1 フォークでつぶす
鍋に豆の水煮を入れ、フォークでざくざくと好みの加減につぶす。

▼

2 水分を加えて混ぜる
水分（水、水煮の汁、牛乳など）を加えて混ぜる。

▼

3 鍋で煮る
調味料やおろし玉ねぎ（またはにんにく）などを加え、混ぜながら中火で2〜3分煮て、とろみをつける。

※ほっこり豆はフォークでも簡単につぶれるので、ミキサーを使わない作り方にしましたが、よりクリーミーにしたい人はミキサーにかけても。

さらさら豆ソース

つぶすだけではとろみが出にくい豆のときに

1 水分を足してミキサーでつぶす
ミキサーに豆の水煮、水分など入れて攪拌する。

▼

2 なめらかにする
なめらかなピューレ状にする。

▼

3 鍋で温める
鍋に移し、塩、こしょうを加えて2〜3分煮て、とろみをつける。

69

豚肉とさやいんげんの白いんげん豆ソースグラタン

ほっこり豆ソース

■ 材料（2人分）

白いんげん豆ソース
- 白いんげん豆の水煮…120g（汁けをきる）
- 水煮の汁（または水）…1/3カップ
- A
  - おろし玉ねぎ…大さじ2
  - 塩…小さじ1/4
  - こしょう…少々
  - ローリエ…1枚

- 豚ロース肉（ソテー用）…2枚（一口大に切る）
- さやいんげん…100g（2～3等分に切る）
- 塩…小さじ1/3
- こしょう…少々
- オリーブ油…大さじ1
- パン粉…大さじ2

■ 作り方

1. **ソースを作る**　鍋に白いんげん豆を入れ、フォークでざくざくとつぶし、水煮の汁を加えて混ぜる。Aを加え、混ぜながら中火で2～3分煮て、とろみをつける。
2. **具を焼く**　豚肉は塩、こしょうを振り、オリーブ油小さじ1を熱したフライパンで両面をこんがりと焼く。途中、さやいんげんを加え、こんがりと焼く。
3. **オーブンで焼く**　耐熱皿に1のソースを敷き、2をのせ、パン粉を振り、オリーブ油小さじ2をかけ、250℃のオーブンでこんがりと焼き目がつくまで10～15分焼く。

💬 **memo**

ホクホクの白いんげん豆のソースが、豚肉ソテーをおいしくいただくソースの役目。たっぷりまとわせて召し上がれ。

white kidney bean sauce
豆の中でも特に食物繊維豊富な白いんげん豆。糖質の吸収をゆるやかにする成分・ファセオラミンも。

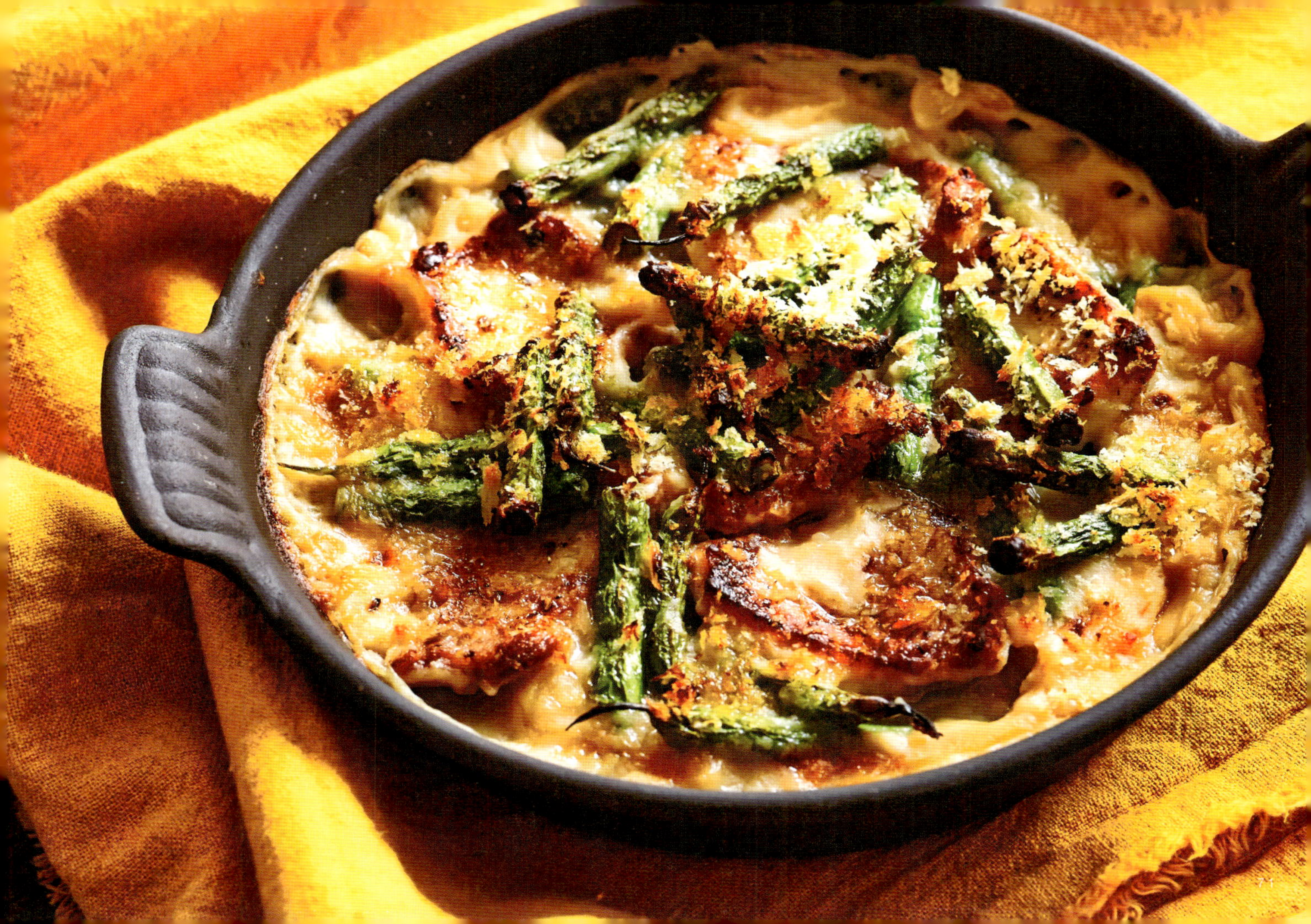

ソーセージの
白いんげん豆ソースグラタン ほっこり豆ソース

■ 材料（2人分）

白いんげん豆のソース

- 白いんげん豆の水煮…120ｇ（汁けをきる）
- 水煮の汁（または水）…1/3カップ
- A
  - おろし玉ねぎ…大さじ2
  - 塩…小さじ1/4
  - こしょう…少々
  - ローリエ…1枚

ソーセージ…4本
ミニトマト…6個（ヘタをとる）
オレガノ（ドライ）…小さじ1
ピザ用シュレッドチーズ…30ｇ

■ 作り方

1 **ソースを作る** 鍋に白いんげん豆を入れ、フォークでざくざくとつぶし、水煮の汁を加えて混ぜる。**A**を加え、混ぜながら中火で2〜3分煮て、とろみをつける。

2 **オーブンで焼く** 耐熱皿に**1**のソースを敷き、ソーセージ、ミニトマトをのせ、オレガノ、チーズをかけ、250℃のオーブンでこんがりと焼き目がつくまで10〜15分焼く。

💬 **memo**

ミニトマトの酸味が
ほっこり白いんげん豆ソースのアクセント。
オレガノを強めに効かせ、
スパイシーに仕上げるのがポイントです。

73

手羽中のひよこ豆ソースグラタン [さらさら豆ソース]

■材料（2人分）

ひよこ豆ソース
- ひよこ豆の水煮…120g
  （汁けをきる）
- A
  - 水煮の汁（または水）…1/3カップ
  - おろしにんにく…1かけ分
  - 塩…小さじ1/4
  - クミンパウダー…小さじ1/2
  - こしょう…少々
  - オリーブ油…大さじ1/2

- 鶏手羽中…10本
- 黄パプリカ…1個
  （1cm幅の棒状に切る）
- B
  - 塩…小さじ1/3
  - こしょう…少々
- オリーブ油…小さじ2
- パン粉…大さじ2

■作り方

1. **ソースを作る** ミキサーにひよこ豆、**A**を入れて撹拌し、ピューレ状にする。鍋に移し、2〜3分煮てとろみをつける。
2. **具を焼く** 鶏手羽中は**B**をすり込み、オリーブ油小さじ1を熱したフライパンで両面をこんがりと焼く。途中、パプリカを加え、こんがりと焼く。
3. **オーブンで焼く** 耐熱皿に**1**のソースを敷き、**2**をのせ、パン粉を散らし、オリーブ油小さじ1をかけ、250℃のオーブンでこんがりと焼き目がつくまで10〜15分焼く。

💬 memo

ひよこ豆ににんにく、クミンを加えた、フムス風ソースが味のポイント。こんがりと焼けた手羽中を、手づかみで豪快に食べましょう。

chickpea sauce
ホクホクの食感、ほんのりとした甘さが特徴のひよこ豆。食物繊維のほか、ビタミンB₁、B₆も。

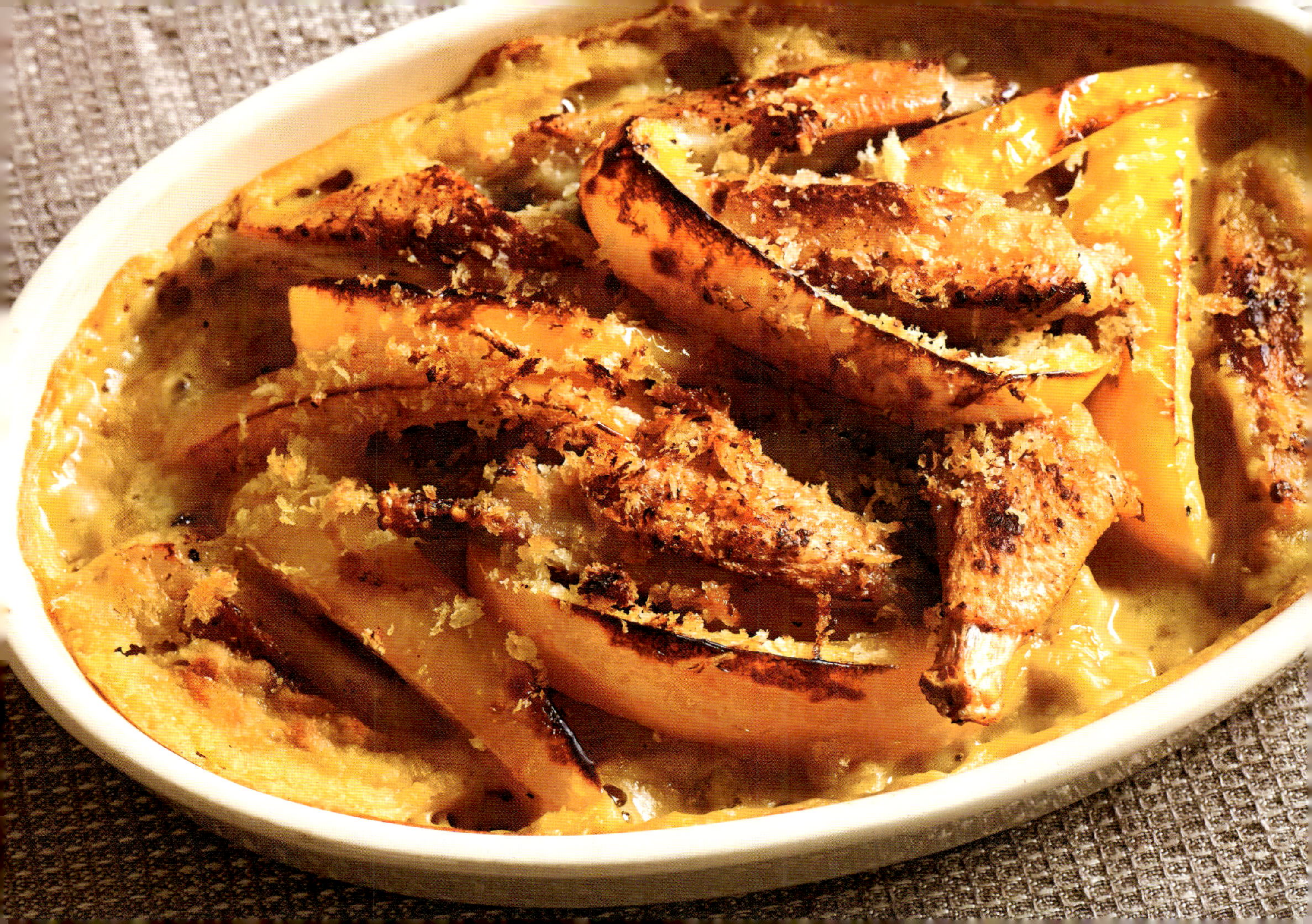

かじきの
ひよこ豆ソースグラタン

さらさら豆ソース

つけ合わせのサラダにはトマトとクレソンを使い、緑黄色野菜をチャージ。あとはパンさえあれば！

■ 材料（2人分）

ひよこ豆ソース
- ひよこ豆の水煮…120g（汁けをきる）
- A
  - 水煮の汁（または水）…1/3カップ
  - おろしにんにく…1かけ分
  - 塩…小さじ1/4
  - クミンパウダー…小さじ1/2
  - こしょう…少々
  - オリーブ油…大さじ1/2
- かじき…2枚（一口大に切る）
- 紫玉ねぎ…1個（2cm幅のくし形切り）
- 塩、こしょう…各適量
- オリーブ油…小さじ1
- ピザ用シュレッドチーズ…30g

■ 作り方

1 **ソースを作る** ミキサーにひよこ豆、**A**を入れて撹拌し、ピューレ状にする。鍋に移し、2～3分煮てとろみをつける。

2 **具を焼く** かじきは塩小さじ1/3、こしょう少々を振り、オリーブ油を熱したフライパンで両面をこんがりと焼く。途中、紫玉ねぎを加えてこんがりと焼き、塩、こしょう各少々を振る。

3 **オーブンで焼く** 耐熱皿に**1**のソースを敷き、**2**をのせてチーズをかけ、250℃のオーブンでこんがりと焼き目がつくまで10～15分焼く。

memo

黄色がかったベージュ色のソースの中から
顔を出す、紫玉ねぎが鮮やか。
クミン＆にんにくを利かせたソースが、
淡白な味のかじきと相性バツグン。

77

トマトとひき肉のレッドキドニーソースグラタン ほっこり豆ソース

■ 材料（2人分）

レッドキドニーソース
レッドキドニービーンズの水煮
　…120g（汁けをきる）
水煮の汁（または水）…1/3カップ
A ┌ おろし玉ねぎ…大さじ2
　│ おろしにんにく…1かけ分
　│ 塩…小さじ1/4
　│ こしょう…少々
　└ オリーブ油…大さじ1/2

合いびき肉…200g
玉ねぎ…1/2個（粗みじん切り）
にんにく…1かけ（みじん切り）
トマト…1個（粗みじん切り）
ピーマン…2個（みじん切り）
オリーブ油…小さじ1
B ┌ オレガノ（ドライ）、
　│ 　クミンパウダー…小さじ1
　│ チリパウダー
　│ 　…小さじ1/2（または一味少々）
　└ 塩…小さじ1/2
ピザ用シュレッドチーズ
　（またはチェダーチーズ）…30g
トルティーヤチップス…10枚（砕く）

■ 作り方

1. **ソースを作る**　鍋にレッドキドニービーンズを入れ、フォークでざくざくとつぶし、水煮の汁を加えて混ぜる。Aを加え、混ぜながら中火で2〜3分煮て、とろみをつける。

2. **具を炒める**　フライパンにオリーブ油を熱し、にんにく、玉ねぎを弱火で炒め、香りが出たら、ひき肉を炒める。パラパラになったら、B、トマト、ピーマンを加えて炒め、水けがなくなるまで炒め煮にする。

3. **オーブンで焼く**　耐熱皿に2を入れ、1のソース、チーズを順にかける。トルティーヤチップスをのせ、250℃のオーブンでこんがりと焼き目がつくまで10〜15分焼く。

💬 memo
サルサソースとチリビーンズのおいしさが一度に味わえる、ピリ辛グラタン。刺激的な辛さが後を引き、もう一口……とついつい手がのびます。

red kidney bean sauce
中南米の煮込み料理などでおなじみのレッドキドニー。鉄分、カルシウムが豊富。

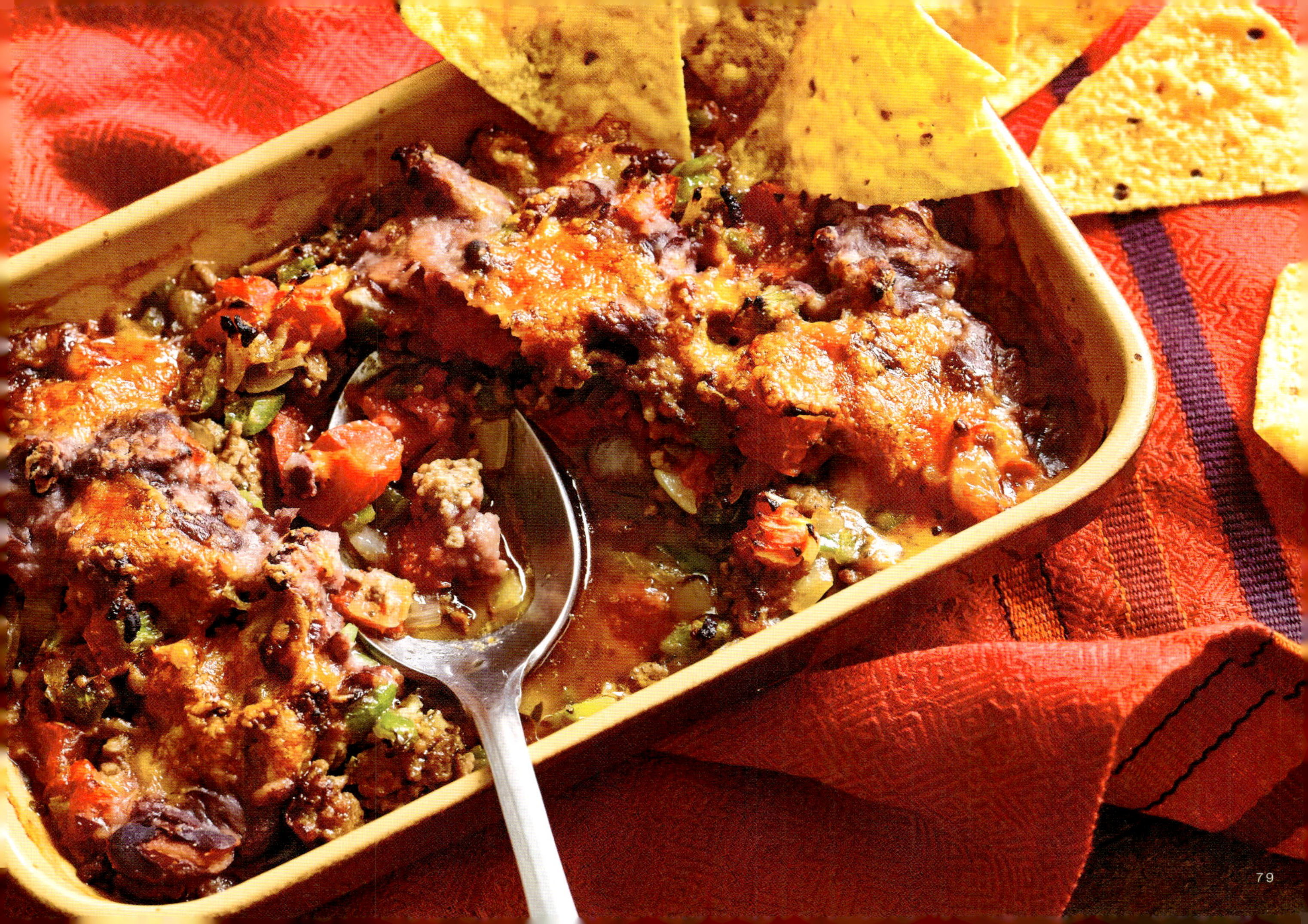

ゆで卵とズッキーニの
レッドキドニーソースグラタン

ほっこり豆ソース

■ 材料（2人分）

レッドキドニーソース

レッドキドニービーンズの水煮
…120ｇ（汁けをきる）
水煮の汁（または水）…1/3カップ

A
- おろし玉ねぎ…大さじ2
- おろしにんにく…1かけ分
- 塩…小さじ1/4
- こしょう…少々
- オリーブ油…大さじ1/2

ゆで卵…3個（縦半分に切る）
ズッキーニ…1本
（1cm幅のいちょう切り）
オリーブ油…小さじ1
塩…小さじ1/4
こしょう…少々
ピザ用シュレッドチーズ…40ｇ

■ 作り方

1　**ソースを作る**　鍋にレッドキドニービーンズを入れ、フォークでざくざくとつぶし、水煮の汁を加えて混ぜる。**A**を加え、混ぜながら中火で2〜3分煮て、とろみをつける。

2　**具を焼く**　フライパンにオリーブ油を熱し、ズッキーニを入れて焼き、こんがりとしてきたら塩、こしょうを振る。

3　**オーブンで焼く**　耐熱皿に**1**のソースを敷き、**2**、ゆで卵をのせ、チーズをかけ、250℃のオーブンでこんがりと焼き目がつくまで10〜15分焼く。

💬 memo

同じレッドキドニービーンズのソースでも
p.78とは全く違う、やさしい味わい。
ゆで卵とズッキーニのほっくり感も手伝い、
食べ応えもばっちり。

81

greenpea sauce
えんどうの未熟果・グリンピース。カリウムやビタミンB群などが豊富で、栄養バツグン。

フジッリのグリンピースソースグラタン

さらさら豆ソース

■ 材料（2人分）

グリンピースソース
グリンピースの水煮（または冷凍）
…150g（汁けをきる）

A
- 牛乳…1/2カップ
- おろしにんにく…1かけ分
- おろし玉ねぎ…大さじ1
- 塩…小さじ1/3
- こしょう…少々

フジッリなどのショートパスタ
…150g
卵…2個
粉チーズ…大さじ2
こしょう…少々

■ 作り方

1 **ソースを作る** ミキサーにグリンピース、Aを入れて撹拌し、ピューレ状にする。鍋に移し、2〜3分煮てとろみをつける。
2 **パスタをゆでる** フジッリは塩少々（分量外）を加えた熱湯に入れ、表示通りにゆで、ざるに上げて湯をきる。
3 **ソースとパスタをあえる** 1のソースと2をあえる。
4 **オーブンで焼く** 耐熱皿に3を入れ、卵を割り落とし、チーズ、こしょうを振り、250℃のオーブンでこんがりと焼き目がつくまで10〜15分焼く。

💬 **memo**
グリンピースが旬の初夏には、ぜひ生を使って！甘い香りが断然違います。
半熟の卵をくずしながらからめて食べると、よりマイルドに。

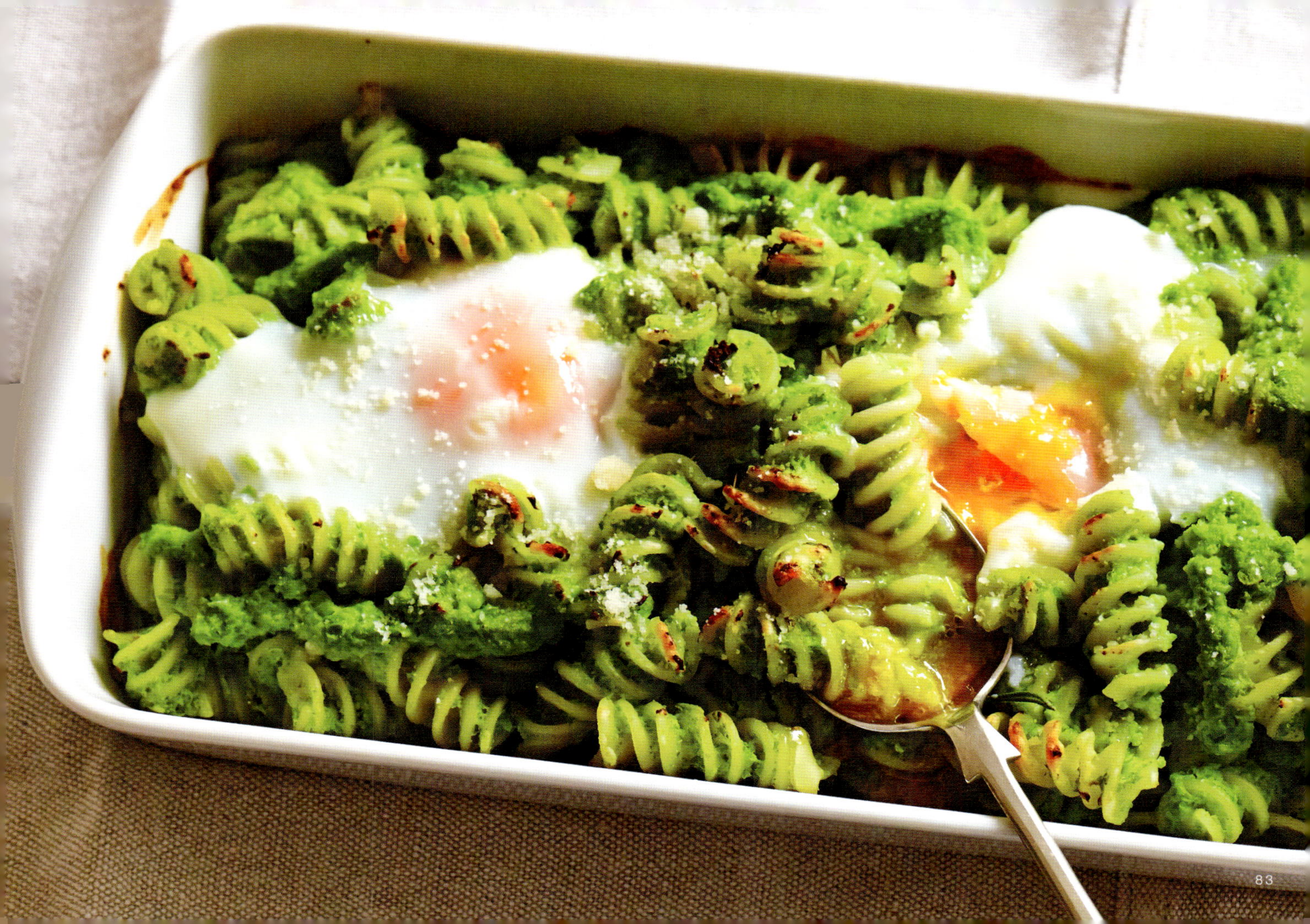

チキンの グリンピースソースグラタン

さらさら豆ソース

■ 材料（2人分）

グリンピースソース
　グリンピースの水煮（または冷凍）
　　…150g（汁けをきる）
　A　牛乳…1/2カップ
　　　おろしにんにく…1かけ分
　　　おろし玉ねぎ…大さじ1
　　　塩…小さじ1/3
　　　こしょう…少々
鶏もも肉…1枚
（余分な脂をとり、6～8等分に切る）
にんじん…1本
塩…小さじ1/3
こしょう…少々
オリーブ油…小さじ1
ローズマリー…1枝

■ 作り方

1　**ソースを作る**　ミキサーにグリンピース、Aを入れて撹拌し、ピューレ状にする。鍋に移し、2～3分煮てとろみをつける。

2　**具の準備**　鶏肉に塩、こしょうをすり込み、オリーブ油を熱したフライパンで皮目からこんがりと焼く。にんじんはラップに包み、電子レンジで2分加熱し、7～8㎜厚さの輪切りにする。

3　**オーブンで焼く**　耐熱皿に1のソースを敷き、2をのせ、ローズマリーをちぎってのせ、250℃のオーブンでこんがりと焼き目がつくまで10～15分焼く。

💬 **memo**

グリーンのソースに、にんじんの鮮やかなオレンジが映えます。食物繊維豊富な豆ソースとカロテンたっぷりのにんじんを合わせたら、栄養満点。

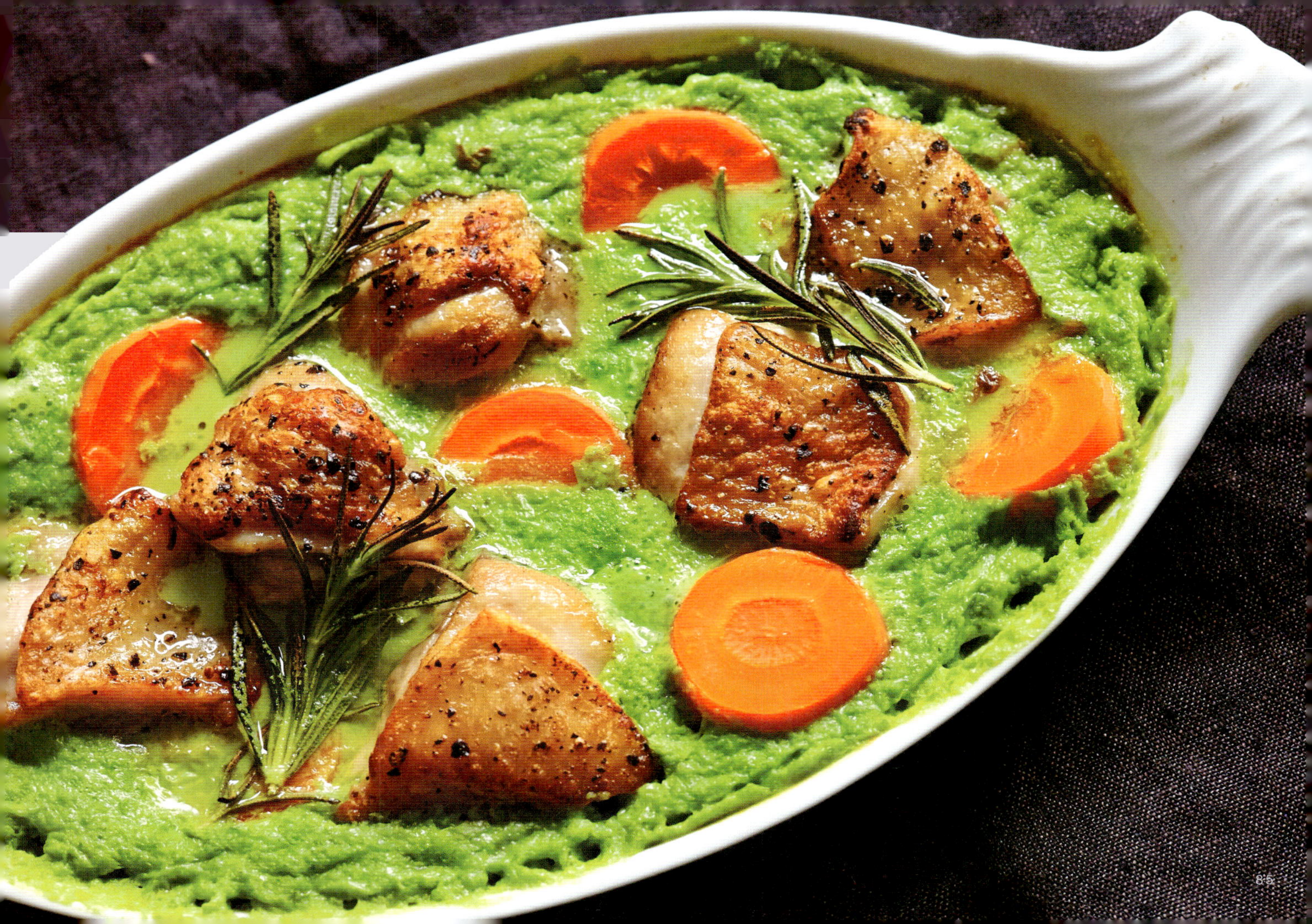

白身魚とわかめの大豆ソースグラタン

さらさら豆ソース

■ 材料（2人分）

大豆ソース
- 大豆の水煮…120g（汁けをきる）
- A
  - おろししょうが…1かけ分
  - 塩…小さじ1/3
  - しょうゆ…小さじ1
  - 豆乳…3/4カップ
- 白身魚（たいやたらなど）…2切れ（一口大に切る）
- わかめ（塩蔵）…20g
- 塩、こしょう…各適量
- ごま油…大さじ1/2
- オリーブ油…小さじ1

トッピング
- おから…大さじ2
- ごま油…大さじ1/2

■ 作り方

1. **ソースを作る** ミキサーに大豆の水煮、Aを入れて撹拌し、ピューレ状にする。鍋に移し、2～3分煮てとろみをつける。

2. **具を炒める** 白身魚は塩小さじ1/3を振り、10分おいて水分を拭きとってこしょう少々を振る。わかめは洗い、水に5分つけてもどし、一口大に切ってごま油をからめる。フライパンにオリーブ油を熱し、白身魚の両面をこんがりと焼く。途中、わかめを加えて炒め、塩、こしょう各少々を振る。

3. **トッピングを作る** トッピングの材料を混ぜ合わせる。

4. **オーブンで焼く** 耐熱皿に1のソースを敷き、わかめ、白身魚の順にのせ、3をかけ、250℃のオーブンでこんがりと焼き目がつくまで10～15分焼く。

💬 **memo**

大豆＆豆乳のソースに、チーズ代わりのおからを使って、大豆づくし！魚は香ばしく焼き、わかめも炒めてうまみを引き出してから焼きます。

soybean sauce
「畑の肉」と呼ばれるほど栄養豊富な大豆には女性ホルモンと似た働きをするイソフラボンも。

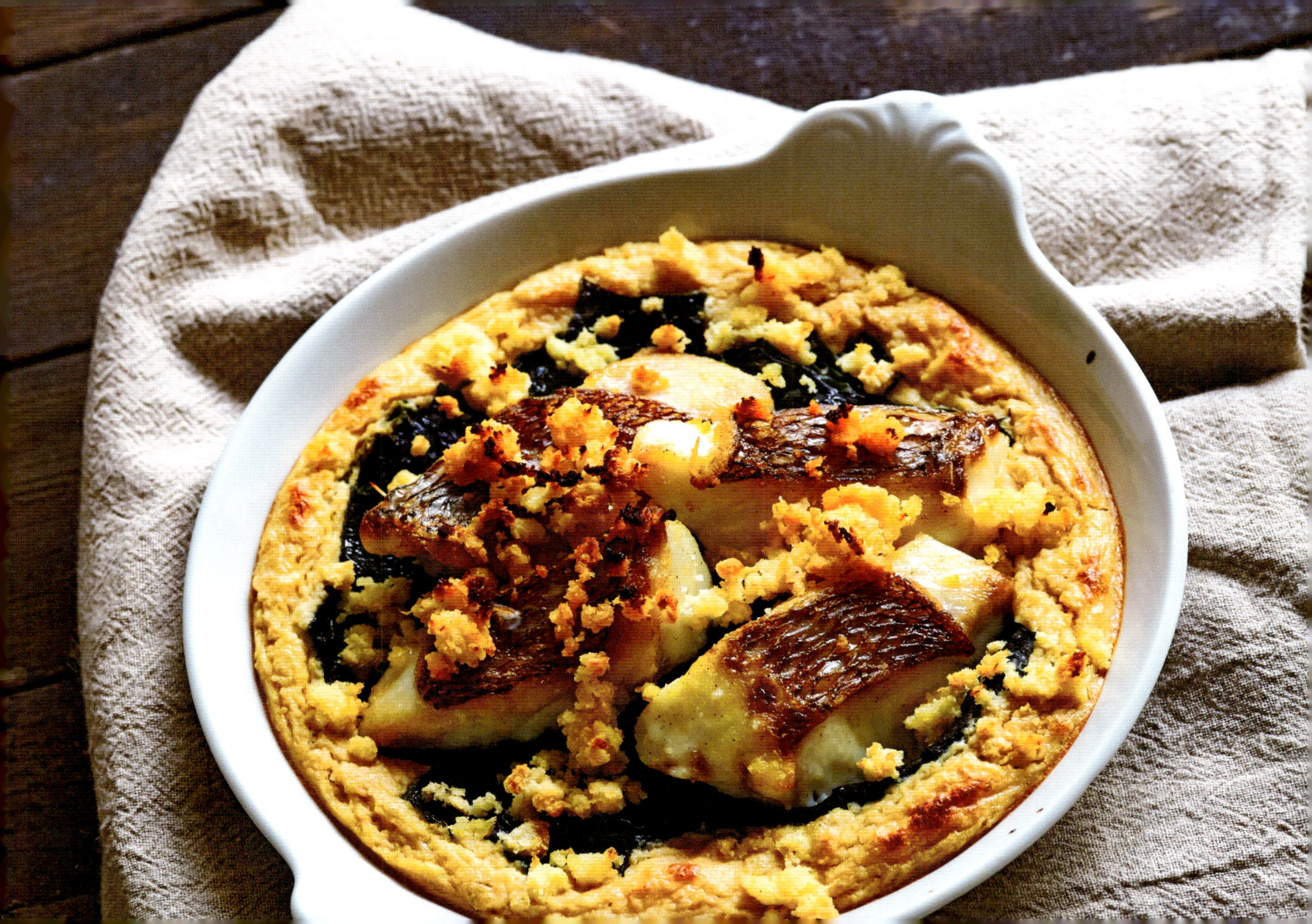

かぶのファルシ
大豆ソースグラタン

さらさら豆ソース

■ 材料（2人分）

大豆ソース
- 大豆の水煮…60g（汁けをきる）
- A
  - おろししょうが…1/2かけ分
  - 塩…少々
  - しょうゆ…小さじ1/2
  - 豆乳…75ml（1/3カップ）
- かぶ…小6個
- しらす…大さじ2
- とろろ昆布…ふたつまみ

■ 作り方

1. **ソースを作る** ミキサーに大豆の水煮、Aを入れて撹拌し、ピューレ状にする。鍋に移し、2～3分煮てとろみをつける。
2. **具の準備** かぶは葉を切り落とし、根はラップに包んで電子レンジで6分加熱し、上部を切り落としてスプーンで中身をくり抜く。くり抜いた中身は刻み、しらす、大豆ソース大さじ2と混ぜ、かぶの根のくり抜いたくぼみに詰める。
3. **オーブンで焼く** 耐熱皿に2をのせ、大豆ソース大さじ2、とろろ昆布を、かぶに等分してかける。250℃のオーブンでこんがりと焼き目がつくまで10～15分焼く。

💬 memo

かぶのキュートな形をいかし、
中身をくり抜いてソースを詰めます。
とろろ昆布、しらすプラスで、
あっさりなのに滋味豊か。

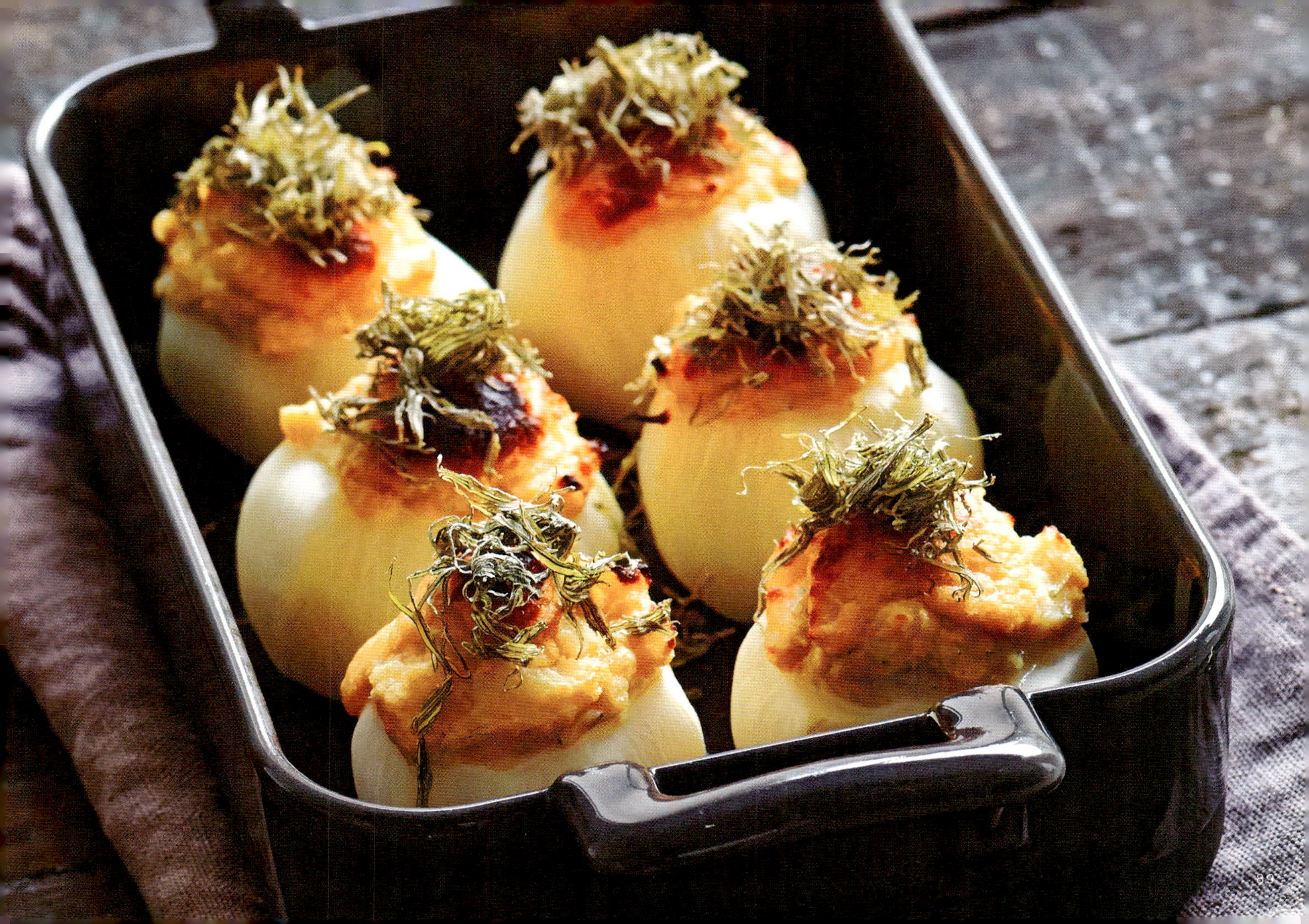

えびの枝豆ソースグラタン さらさら豆ソース

■材料（2人分）

枝豆ソース
- 枝豆（生または冷凍）…300ｇ（鞘つき）
- おろし玉ねぎ…大さじ1
- 塩…小さじ1/3
- こしょう…少々
- 牛乳…1/2カップ

- むきえび…90ｇ（あれば背ワタを除く）
- なす…2本（2cm厚さに切る）
- オリーブ油…大さじ4
- 塩…小さじ1/3
- こしょう…少々
- ピザ用シュレッドチーズ…30ｇ

■作り方

1. **ソースを作る**　枝豆は生の場合は、鞘つきのまま熱湯でやわらかくなるまでゆで、鞘から出す（冷凍の場合は、鞘から出す）。ミキサーにソースの材料すべてを入れて撹拌し、ピューレ状にする。鍋に移し、2〜3分煮てとろみをつける。

2. **具を炒める**　フライパンにオリーブ油を熱し、なすをこんがりと焼き、えびを加えて炒め、色が変わったら塩、こしょうを振る。

3. **オーブンで焼く**　耐熱皿に1のソースの半量を敷き、2をのせ、残りのソースをかけ、チーズをかけて250℃のオーブンでこんがりと焼き目がつくまで10〜15分焼く。

💬 memo

枝豆をソースにしてなすと合わせたら、夏にもぴったりなグラタンの完成。くたくたのなすとえびのプリッとした食感の対比も、おいしさのひとつ。

green soybean sauce
大豆の未熟果・枝豆の栄養価は、大豆と緑黄色野菜の栄養素のいいとこどり。

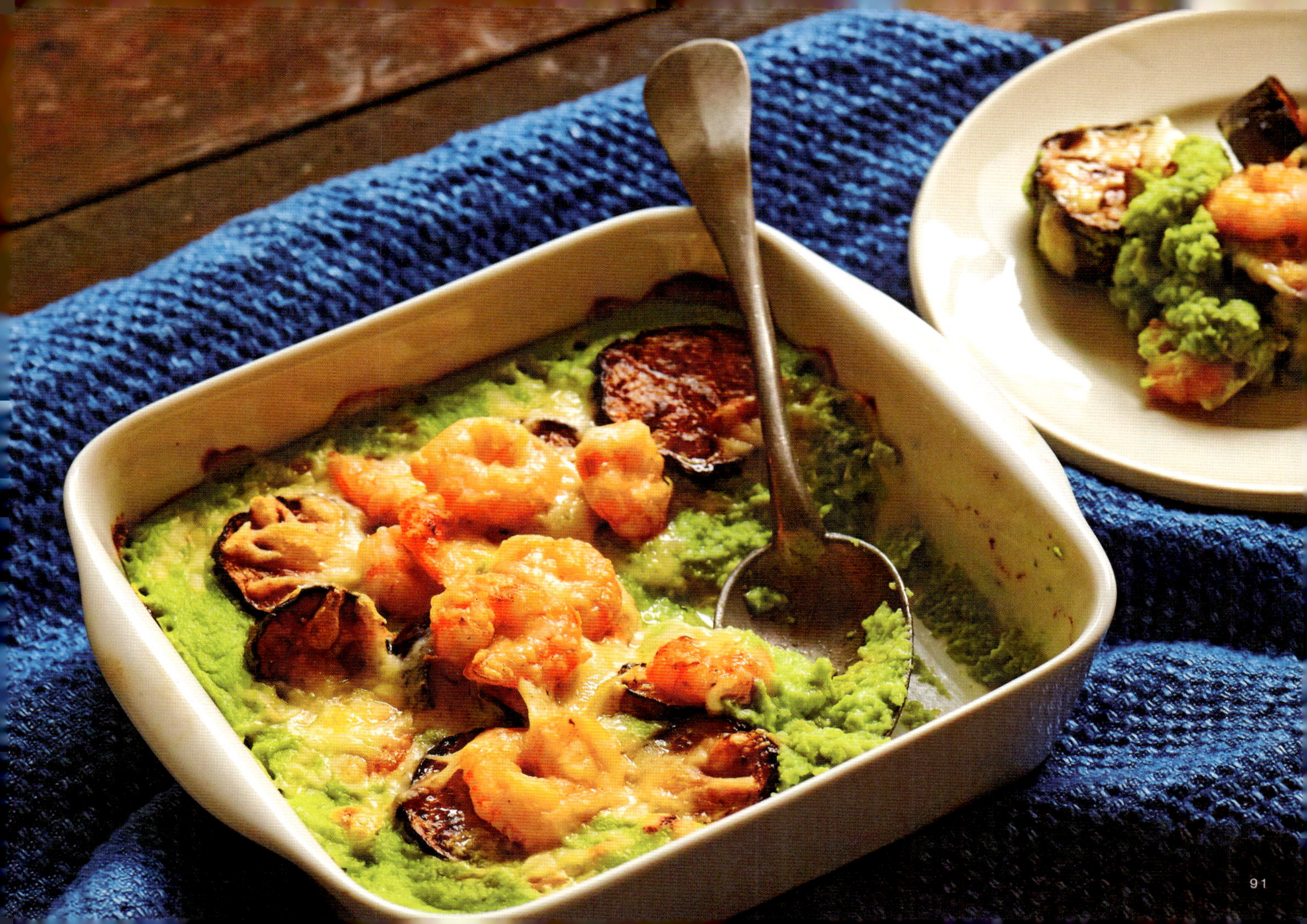

ちくわの枝豆ソースグラタン <さらさら豆ソース>

■ 材料（2人分）

枝豆ソース
- 枝豆（生または冷凍）…300g（鞘つき）
- おろし玉ねぎ…大さじ2
- 塩…小さじ1/3
- こしょう…少々
- 牛乳…1/2カップ

ちくわ…4本（2cm幅に斜め切り）
粉チーズ…大さじ2

■ 作り方

1. **ソースを作る** 枝豆は生の場合は、鞘つきのまま熱湯でやわらかくなるまでゆで、鞘から出す（冷凍の場合は、鞘から出す）。ミキサーにソースの材料すべてを入れて撹拌し、ピューレ状にする。鍋に移し、2〜3分煮てとろみをつける。
2. **オーブンで焼く** 耐熱皿1のソースを敷き、ちくわをのせ、粉チーズを振って250℃のオーブンでこんがりと焼き目がつくまで10〜15分焼く。

💬 **memo**

チーズとの相性のよさは「ちくわチーズ」でお墨付き。少し焼きすぎかな？と思うくらい、カリッカリに焼くのがコツです。

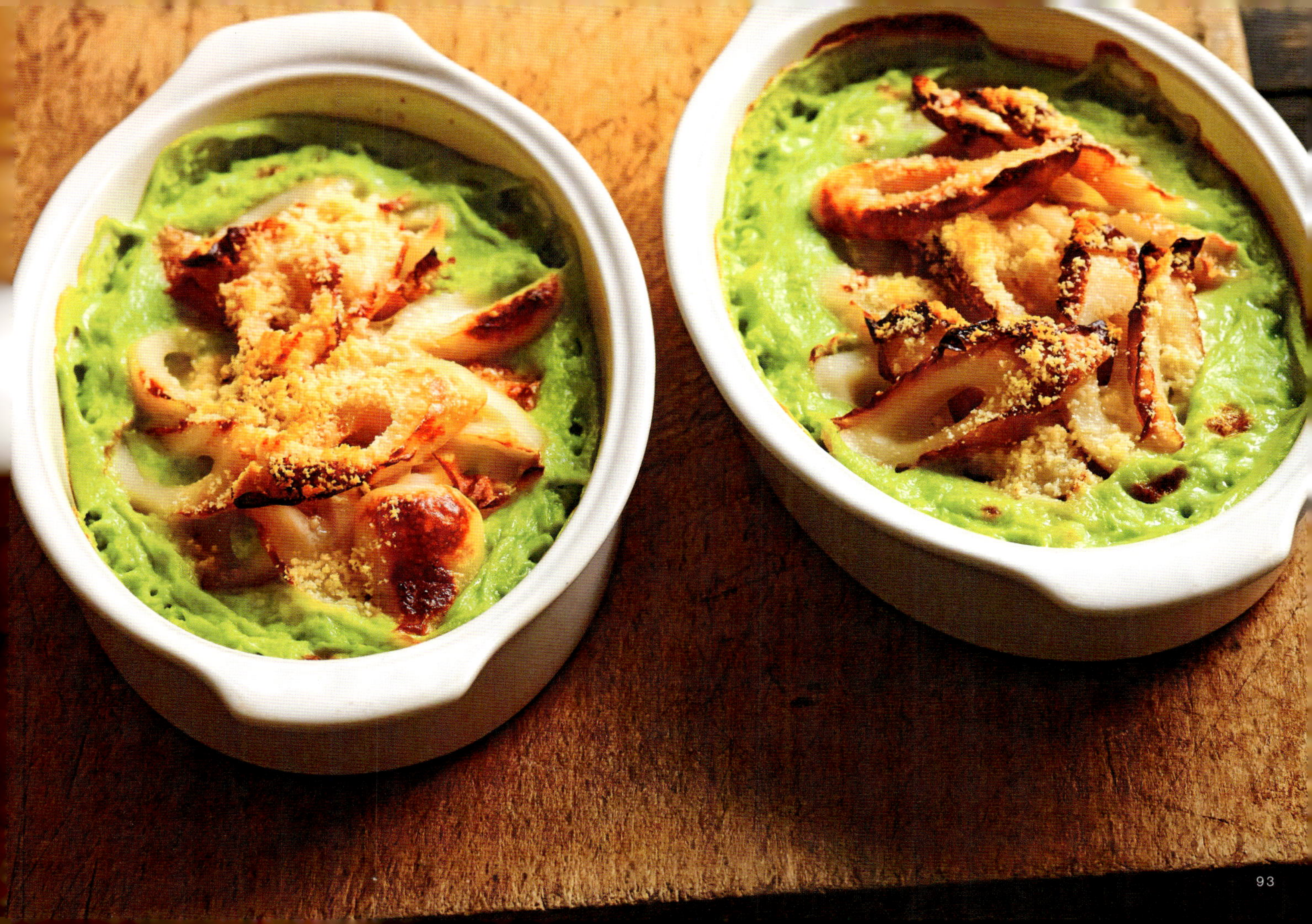

桜えびとねぎの黒豆ソースグラタン

ほっこり豆ソース

■材料（2人分）

黒豆ソース
- 黒豆の水煮…120g（汁けをきる）
- だし…1/2カップ
- A
  - おろし玉ねぎ…大さじ1
  - 塩…小さじ1/3
  - こしょう…少々

- 桜えび…30g
- わけぎ…4本（2本はぶつ切り、2本は小口切り）
- 梅干し…1個（種をとり、ちぎる）
- オリーブ油…小さじ1

■作り方

1. **ソースを作る** 鍋に黒豆の水煮を入れ、フォークでざくざくと粗くつぶし、だしを加えて混ぜる。Aを加え、混ぜながら中火で2～3分煮て、とろみをつける。

2. **オーブンで焼く** 耐熱皿に1のソース、ぶつ切りのわけぎ、桜えびをのせ、梅干しをのせる。オリーブ油をかけ、250℃のオーブンで焼き目がこんがりとつくまで10～15分焼く。小口切りのわけぎをのせる。

💬 memo

焼いたわけぎの香ばしい香りとカリカリの桜えび、梅干しの酸味。黒豆ソースで和風味に仕上げたら、日本酒にもよく合うおつまみ風グラタンに。

black soybean sauce

黒豆の皮には、抗酸化成分・アントシアニンがたっぷり。脂肪の吸収抑制作用も。

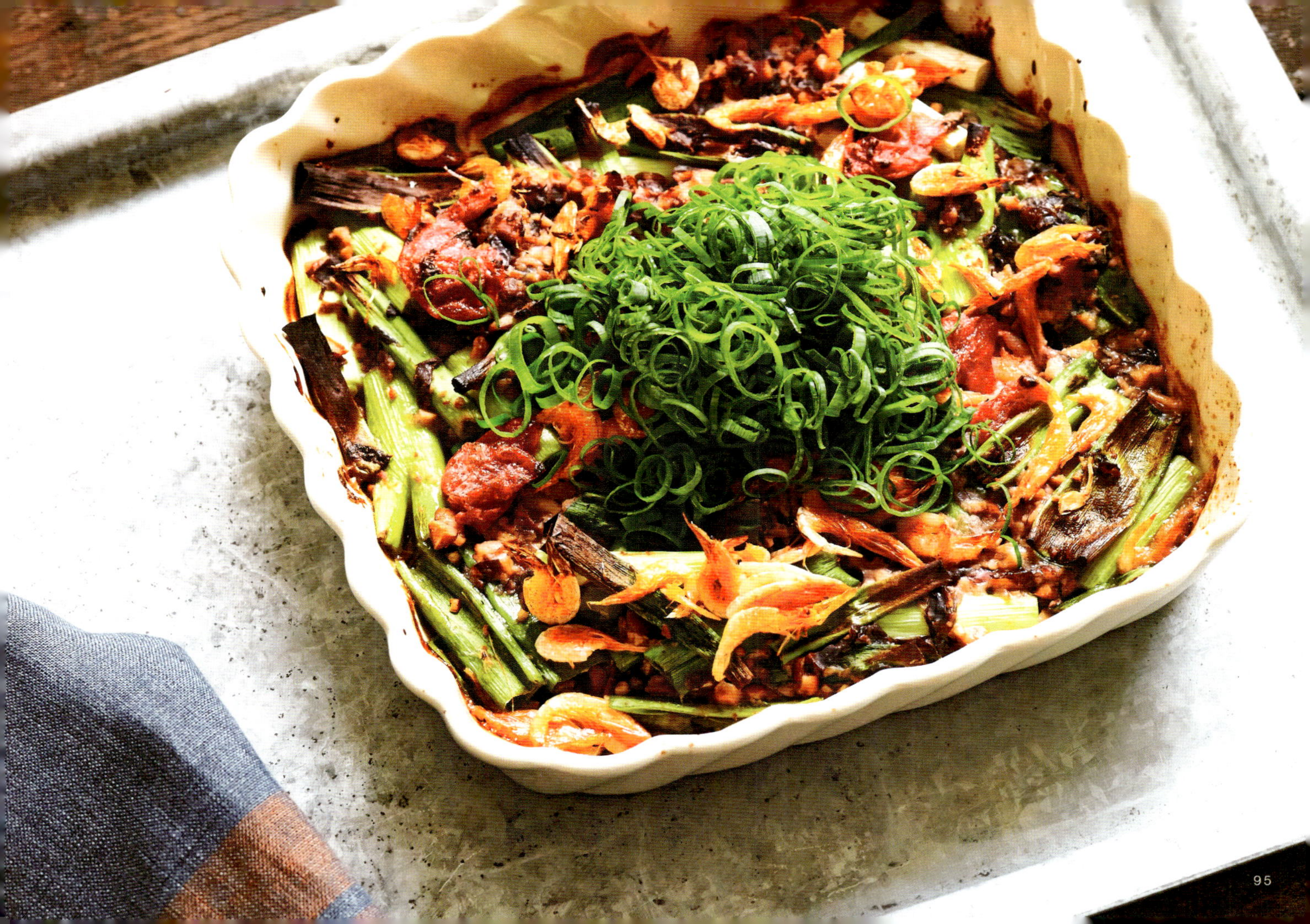

麻婆豆腐風厚揚げの黒豆ソースグラタン　　ほっこり豆ソース

■材料（2人分）

黒豆ソース
- 黒豆の水煮…120g（汁けをきる）
- だし…1/2カップ
- A
  - おろし玉ねぎ…大さじ1
  - 塩…小さじ1/3
  - こしょう…少々
- 厚揚げ…1枚（一口大に切る）
- 豚ひき肉…100g
- ごま油…小さじ1
- B
  - にんにく、しょうが…各1かけ（みじん切り）
  - 豆板醤…小さじ1/2
- みそ、酒…各大さじ1/2
- 粉山椒…少々

■作り方

1. **ソースを作る**　鍋に黒豆の水煮を入れ、フォークでざくざくと粗くつぶし、だしを加えて混ぜる。**A**を加え、混ぜながら中火で2〜3分煮て、とろみをつける。
2. **具を炒める**　フライパンにごま油を熱し、ひき肉を炒める。色が変わり、カリッとしてきたら、**B**を加えてさらに炒める。香りが出てきたら、みそと酒を入れて炒め、厚揚げを加えて炒め合わせる。
3. **オーブンで焼く**　耐熱皿に**2**、**1**のソースを入れ、250℃オーブンでこんがりと焼き目がつくまで10〜15分焼く。粉山椒を振る。

💬 memo

麻婆豆腐に使う
調味料・豆鼓をヒントに、
黒豆ソースを組み合わせました。
アツアツで冷めにくく、
ごはんにかけて食べるとよりおいしい。

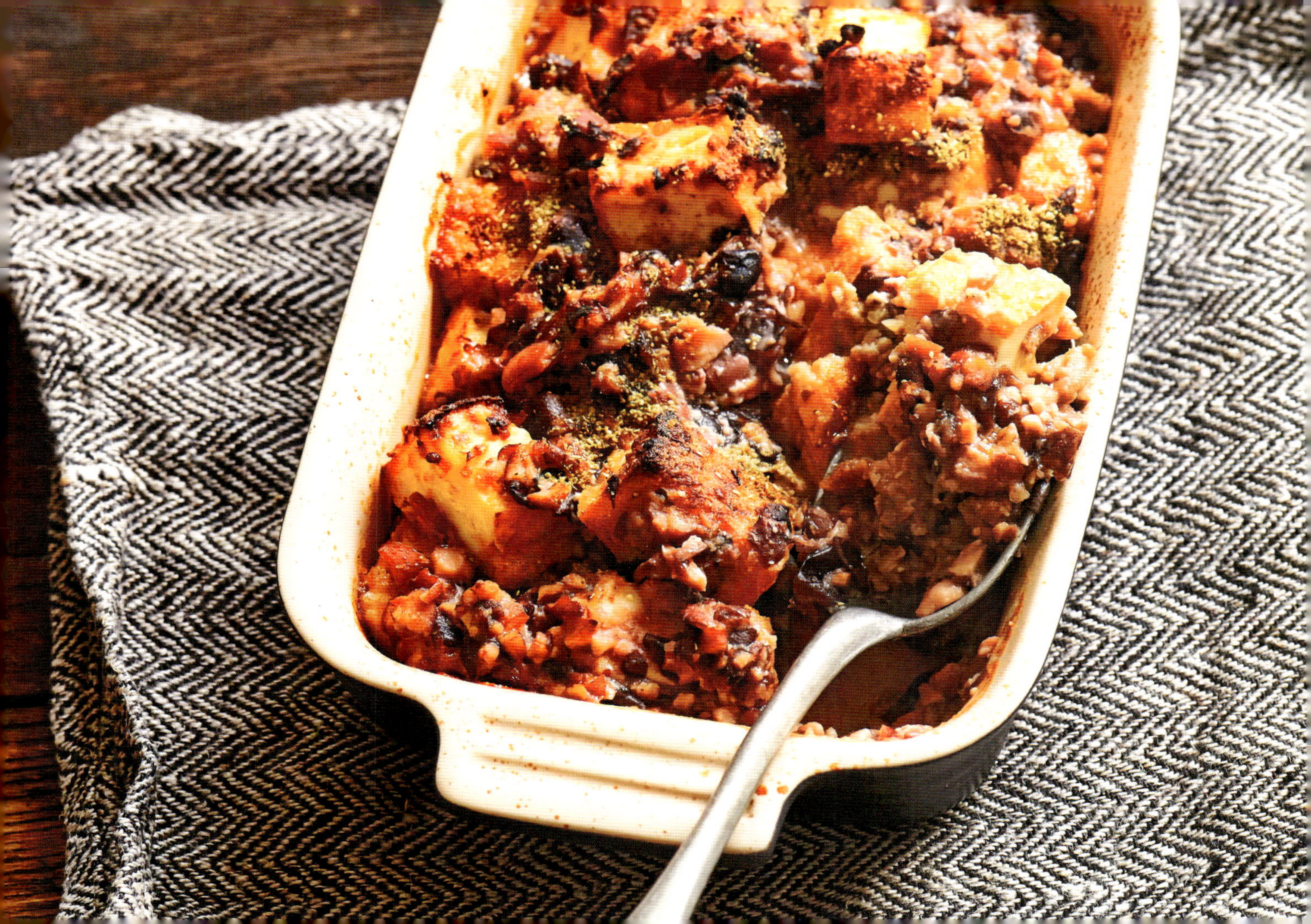

PART 4 野菜のおつまみグラタン

アツアツグラタンはおつまみにも最適。
でも、ソースを作らずにパパッと作りたい！
そんな願いを叶える、野菜のグラタンです。

p.103 丸ごと玉ねぎのグラタン　p.104 トマトのアンチョビグラタン

好きな野菜に缶詰、加工品などの
うまみが出るものを組み合わせる！
それだけで十分おいしい。

or　　　　　＋　　　　or

じゃがいもと
いかの塩辛のグラタン

■ 材料（2人分）

じゃがいも…2個
いかの塩辛…大さじ2
ごま油…小さじ1
おろししょうが…1かけ分
しょうゆ…少々

■ 作り方

1 **具の準備** じゃがいもは皮つきのまま水でさっと濡らし、ラップに包んで電子レンジで5分加熱し、十字に切り目を入れる。

2 **オーブンで焼く** 耐熱皿に1をのせ、いかの塩辛、ごま油、おろししょうがをのせ、250℃のオーブンでこんがりと焼き目がつくまで約10分焼く。仕上げにしょうゆをたらす。

💬 memo

じゃがいも＆いかの塩辛の組み合わせは、北海道の定番。塩辛のうまみがじゃがいものホクホク感と驚くほど合います。

スナップえんどうと
オイルサーディンのグラタン

■ 材料（2人分）

スナップえんどう … 16本（筋をとる）
オイルサーディン … 1/2缶

A ┌ オイルサーディンの缶汁 … 大さじ1
　├ 練りわさび … 大さじ1/2
　├ しょうゆ、バルサミコ酢（または酢）
　└ … 各小さじ1

■ 作り方

1　**調味料を混ぜる**　Aは混ぜ合わせる。
2　**オーブンで焼く**　耐熱皿にスナップえんどう、オイルサーディンをのせ、1をかけ、250℃のオーブンでこんがりと焼き目がつくまで約10分焼く。

memo

ポリポリのスナップえんどうに、
辛みとまろやかな酸味のあるソースが
調和します。オイルサーディンの
うまみの詰まった缶汁も少し加えて。

アスパラガスと
なめ茸のグラタン

■ 材料（2人分）

アスパラガス…4〜5本
（固い皮をむく）
なめ茸（ビン詰め）…大さじ4
オリーブ油…小さじ1
粗びき黒こしょう…適量

■ 作り方

1 **オーブンで焼く**　耐熱皿にアスパラガスをのせ、なめ茸をかける。オリーブ油をかけ、250℃のオーブンでこんがりと焼き目がつくまで約10分焼く。仕上げに粗びき黒こしょうを振る。

■ memo

アスパラガスはゆでるよりも
焼くと甘みが増しておいしい野菜。
なめ茸をのせて焼き、仕上げに
粗びき黒こしょうを多めに振ります。

丸ごと玉ねぎの
グラタン

■ 材料（2人分）

玉ねぎ…1個
（皮つきのままよく洗い、半分に切る）

A ┌ トマトケチャップ…大さじ1
　│ マヨネーズ…大さじ1
　└ 粒マスタード…大さじ1

■ 作り方

1 **玉ねぎの下ゆで**　玉ねぎはラップで包み、電子レンジで3分加熱する。
2 **ソースを作る**　Aを混ぜ合わせる。
3 **オーブンで焼く**　耐熱皿に玉ねぎの切り口を上にしてのせ、2を塗り、250℃のオーブンでこんがりと焼き目がつくまで10分焼く。

💬 memo

玉ねぎは皮つきのまま焼くと
蒸し焼き状態になり、甘みがアップ。
粒マスタード入りのオーロラソースを
かけて焼くだけで、ごちそう。

トマトのアンチョビグラタン

■ 材料（2人分）

トマト…2個（上部を切り落とす）
アンチョビ…4枚（ちぎる）
にんにく…1かけ（みじん切り）
オリーブ油…小さじ2
バジル（ドライ）…小さじ1/2

■ 作り方

1 **オーブンで焼く** 耐熱皿にトマトをのせ、アンチョビ、にんにく、オリーブ油、バジルをかけ、250℃のオーブンでこんがりと焼き目がつくまで約10分焼く。

💬 memo

イタリアン素材を使ったおつまみは、
ワインにぴったり。
にんにく、バジルの香りが鼻孔をくすぐり、
食欲をそそります。

ズッキーニの
コンビーフグラタン

■ 材料（2人分）

ズッキーニ…1本（縦横に半分に切る）
コンビーフ…小1/2缶（食べやすく切る）
塩、こしょう…各少々
粗びき黒こしょう…少々

■ 作り方

1 **具の準備** ズッキーニは塩、こしょうを振ってしばらくおき、水けが出てきたらペーパータオルなどで拭く。
2 **オーブンで焼く** 耐熱皿にズッキーニの皮目を下にしておき、コンビーフをのせ、粗びき黒こしょうを振って250℃のオーブンでこんがりと焼き目がつくまで約10分焼く。

💬 memo

淡白な味のズッキーニに、
うまみたっぷりのコンビーフをのせて。
カリカリと香ばしくなったコンビーフには、
粗びきこしょうをたっぷりと！

しいたけの柚子こしょうグラタン

■ 材料（2人分）

生しいたけ…6枚
（軸をとり、軸は石づきをとってみじん切り）

A ┌ 柚子こしょう…小さじ1
　│ マヨネーズ…大さじ2
　│ 万能ねぎ…2本（小口切り）
　└ パン粉…大さじ2

■ 作り方

1 **ソースを作る**　Aとしいたけの軸のみじん切りを混ぜ合わせる。

2 **オーブンで焼く**　耐熱皿にしいたけのかさのヒダを上向きにしておき、1をのせ、250℃のオーブンでこんがりと焼き目がつくまで約10分焼く。

💬 memo

口に含むと、しいたけのおいしいスープがジュワ〜ッと広がります。
柚子こしょう＋マヨネーズのソースは、手軽なのに本格的な味わい。

アボカドの明太子グラタン

■材料（2人分）

アボカド…1個（半分に切り、種をとる）
明太子…1腹（薄皮を除く）
レモン汁…1/6個分
オリーブ油…大さじ1/2

■作り方

1 **フィリングを作る** 明太子とレモン汁を混ぜ合わせる。
2 **オーブンで焼く** 耐熱皿にアボカドの切り口を上にしてのせ、**1**をのせる。オリーブ油をかけ、250℃のオーブンでこんがりと焼き目がつくまで焼く10分焼く。

💬 memo

種をとったアボカドを
そのまま使ったオーブン焼き。
焼いてほっくりとしたアボカドと
明太子の辛みはベストマッチといえるかも。

マッシュルームの マヨグラタン

■ 材料（2人分）

マッシュルーム … 1パック（石づきを落とす）
にんにく … 1かけ（みじん切り）
パセリ（ドライ）… 小さじ1
粗びき赤唐辛子（または粉唐辛子）… 小さじ1/2
マヨネーズ … 大さじ2

■ 作り方

1 **オーブンで焼く**　耐熱皿にマッシュルームのかさのヒダを上向きにしておき、にんにく、パセリ、赤唐辛子を振る。マヨネーズを網目状にしぼり出し、250℃のオーブンでこんがりと焼き目がつくまで約10分焼く。

💬 memo

いかにもお酒が進みそうな、にんにくとマヨネーズをマッシュルームにのせたら！
赤唐辛子のピリッとした辛さも、
おつまみとして最適。

たけのこといわしの
蒲焼きグラタン

■ 材料（2人分）

ゆでたけのこ…小1本（縦半分に切る）
いわしの蒲焼き缶…1/2缶
粉チーズ…大さじ1
万能ねぎ…2本（斜め薄切り）

■ 作り方

1 オーブンで焼く　耐熱皿にたけのこの切り口を上にしておき、いわしの蒲焼きをのせ、粉チーズを振って250℃のオーブンでこんがりと焼き目がつくまで約10分焼く。仕上げに万能ねぎをのせる。

💬 memo

蒲焼きのたれが、
こんがり焼かれて香ばしさアップ。
コリコリ感が魅力のたけのことの
相性もよく、お酒が進みそう。

乳製品OFFのコツ

高野豆腐
ホロホロした食感が楽しい。熱湯で戻し、冷めたら手でポロポロにくずしてごま油をからめ、焼く前のグラタンにかけて。

この本では：p.42

柿の種
和風の食材を使ったグラタンにぴったり！ 細かく砕き、焼く前にのせると、カリカリとした食感とピリ辛味が加わります。

この本では：p.62

おから
和風グラタンはもちろん、ホロホロとした食感をプラスしたいときに！ごま油を混ぜて（ときには塩も）、かけて焼くとおいしい。

この本では：p.50、p.86

パン粉
焼く前に全体に振りかけて。具に肉などが入っていてコクはあるから、後はカリカリ感をプラスしたい！というときに。

この本では：p.70、p.74

チーズの代わりに！
カリカリ、サクサク食感の食材をトッピングとして振りかけるのがおすすめです。

本書では、バターは使いませんがチーズや牛乳を使用しています。でも、乳製品すべてを使いたくない！
という人のために乳製品OFFのワザをご紹介。各レシピのチーズや牛乳を次の食品で代用しましょう。

牛乳の代わりに！

牛乳はソースに水分を加えるのが役割です。
そのため、液体であれば基本的にはなんでもOKです。

だし
和風素材や和風味のグラタンにぴったり。単独で使っても、豆乳と合わせてもおいしい。
この本では：p.20、p.22、p.24、p.26、p.42、p.44、p.50、p.62など

トマトジュース
トマト味のグラタンに。片栗粉を混ぜ合わせてとろみをつけるか、具を炒めて粉を振ったところに加えて。
この本では：p.30、p.32

豆乳
どんなグラタンにも！ 牛乳使用よりもあっさりとした味に仕上がる。だしとブレンドして使ってもOK。
この本では：p.20、p.22、p.24、p.44、p.62、p.86、p.88

水
野菜ソースや豆ソースなど、素材の味をいかしたいときに。単独で使ってもいいし、豆乳と合わせても。
この本では：p.70、p.72、p.74、p.76、p.78、p.80など

藤井 恵（ふじいめぐみ）

料理研究家。管理栄養士。1966年生まれ。女子栄養大学卒業。作りやすくて栄養バランスを考えたおしゃれな料理が人気。家族の健康と笑顔を何より大切に考え、料理を作る日々。本書は、グラタン好きの著者が「毎日でも食べられるグラタンを！」と考えたもの。
著書は『シニアのための健康ひとり分ごはん』（マイナビ）、『やっぱりママのおべんとうが好き！』（PHP研究所）、『藤井恵　わたしの家庭料理』（オレンジページ）、『作りおきでおいしい　日替わり弁当』『藤井恵のおかずだれ』（日本文芸社）など多数。
http://www.fujiimegumi.jp/

Staff
デザイン　　吉村 亮　眞柄花穂　大橋千恵（Yoshi-des.）
撮影　　　　寺澤太郎
スタイリング　池水陽子
編集　　　　飯村いずみ

バターを使わない
まいにちグラタン

2015年10月30日　第1刷発行
2015年12月　1日　第2刷発行

著者　　　藤井　恵

発行者　　中村　誠
印刷所　　図書印刷株式会社
製本所　　図書印刷株式会社
発行所　　株式会社 日本文芸社
　　　　　〒101-8407　東京都千代田区神田神保町1-7
　　　　　TEL 03-3294-8931（営業）　03-3294-8920（編集）

Printed in Japan 112151001-112151112 Ⓝ02
ISBN978-4-537-21325-6
URL http://www.nihonbungeisha.co.jp/
©Megumi Fujii 2015

編集担当　河合

乱丁・落丁本などの不良品がありましたら、小社製作部までお送りください。
送料小社負担にておとりかえいたします。
法律で認められた場合を除いて、本書からの複写・転載（電子化を含む）は禁じられています。
また、代行業者等の第三者による無断の電子データ化および電子書籍化はいかなる場合も認められていません。